Daniel Zindel

# Gestillt

*Unseren vier Kindern*
*Rachel, Joel, Sarah, Maria –*
*wir haben uns gegenseitig erzogen.*

MIX
Papier aus verantwortungsvollen Quellen
FSC® C106847
FSC
www.fsc.org

Dieses Buch ist auch als E-Book erhältlich:
ISBN 978-3-86256-748-5, Bestell-Nummer 590 051E

Die Deutsche Bibliothek verzeichnet diese Publikation in der Deutschen Nationalbibliografie; detaillierte bibliografische Daten sind im Internet über www.d-nb.de abrufbar

*Lektorat:* Dr. Thomas Baumann
*Umschlaggestaltung:* spoon design, Olaf Johannson
*Umschlagbild:* LilKar/ShutterStock.com®
*Satz:* Neufeld Verlag
*Herstellung:* freiburger graphische Betriebe GmbH & Co. KG, Freiburg


ISBN 978-3-86256-051-6, Bestell-Nummer 590 051



Eine erste, vergriffene, Auflage dieses Buches erschien 2007 im Scesaplana Verlag, Seewis, Graubünden

www.neufeld-verlag.de / www.neufeld-verlag.ch

*Bleiben Sie auf dem Laufenden:*
**newsletter**.neufeld-verlag.de
www.**facebook**.com/NeufeldVerlag
www.neufeld-verlag.de/**blog**

NEUFELD VERLAG

Daniel Zindel

# Gestillt

## Nachtgespräche mit David

NEUFELD VERLAG

# Anstelle eines Vorwortes

*Lieber Reinhold,*

*Du fragst, ob Du unseren Briefwechsel veröffentlichen dürfest. Du kannst Dir vorstellen, dass das Beispiel der Gesundung Eurer Ehe für andere Paare ermutigend sein könnte. Das kann es ohne Zweifel. Aber ob unsere Briefe für Außenstehende auch sonst interessant sind?*

*Ich besprach mich gestern am Stammtisch im Café Paradiso mit den anderen (fand das einfach angemessen, sie in die Entscheidung mit einzubeziehen). Alle waren anwesend. »Das kommt überhaupt nicht in Frage, dass du deine Briefe, in denen auch wir vorkommen, veröffentlichst«, sagte Paulus eifrig und strich mit seiner Rechten viel sagend über seinen pechschwarzen Bart. »Historisch ist in eurem Briefwechsel nicht alles hieb- und stichfest und darüber hinaus: Die da unten gehen himmlische Einzelheiten noch nichts an. Die wandeln im Glauben, nicht im Schauen.«*[1] *Er geriet beim Sprechen wie meistens in ein Feuer: »Wenn die merken, wie wunderschön wir es hier haben, wer steht dann noch mit aller Kraft unten im ›guten Kampf‹?*[2] *Ich weiß selber, wie das ist, wenn man sich am liebsten Richtung*

1 2. Korinther 5,7

2 1. Timotheus 6,12

*Himmel verabschieden möchte.« Und dann erzählte er, dass er sich damals nur wegen seiner Liebe zu den Gemeinden nicht aus dem Kampf des Lebens in die Fülle der Ewigkeit habe davonschleichen wollen.*

*E.s Blick ruhte nachdenklich auf Paulus. »Fass diese Briefe als Phänomene einmal vorurteilslos ins Auge«, sagte sie und nippte an ihrem Grüntee, bevor sie fortfuhr: »Fühlst du dich denn mit deinen Anliegen in diesen Briefen so schlecht erfasst? Mir geht das anders, und im Übrigen werden die Leserinnen und Leser sowieso ›alles prüfen und das Gute behalten‹[3].« Dieses Argument saß und Paulus kam nicht umhin, E. einen anerkennenden Blick zuzuwerfen. (Ich bin immer wieder fasziniert, wie wir hier oben miteinander ringen können, ohne dass es dabei zu Verletzungen kommt!)*

*»Ich bin auch dieser Ansicht«, meldete sich Asmus und er strahlte dabei wie der Vollmond, wenn er aufgeht. »Ich fühle mich gar nicht so schlecht dargestellt. Zudem, Freunde – entschuldige E., das weibliche Geschlecht ist bei der männlichen Ausdrucksweise immer mitgemeint –, gehören wir doch zur ›Wolke der Zeugen‹[4]. Die da unten können durchaus etwas von uns ›Pionieren‹ lernen. Zum Beispiel, wie man seine Bedürfnisse richtig stillt, ohne dabei abzustürzen. Findest du das nicht auch, David?«*

*Früher wäre ich bei einer solchen Anspielung errötet, aber Scham, im Sinne von Schande, kennen wir hier ja nicht. So sagte ich: »Auch ich stehe zu unserem Briefwechsel. Wir sprachen darin über wichtige Themen: wie man seine Berufung erkennt, ein gelingendes Leben vor Gott führt, als Mann und Frau zusammen lebt und vor allem, wie wir unsere innersten Bedürfnisse stillen.« »Und du findest es also gut, dass dein Leben bis hin zu peinli-*

---

3 1. Thessalonicher 5,21

4 Hebräer 12,1

*chen Details ausgebreitet wird?«, meinte Paulus, schon sichtlich milder gestimmt. Ich entgegnete ihm gelassen: »Erstens wissen die das alles sowieso und zweitens kämpfen sie mit den gleichen Problemen wie ich damals. Ich bin also in guter Gesellschaft. Auch geht es letztlich gar nicht um mich oder um Reinhold oder um euch alle, sondern um Gott, gepriesen sei er. Er ist die Quelle, an der wir uns stillen können.« Paulus gab schließlich seinen Widerstand ganz auf und sagte, es sei von ihm aus in Ordnung, dass Du die Briefe veröffentlichst: »Was soll's, wenn nur Christus gepredigt wird«*[5]*, sagte er und fügte noch bei, dass Du für das, was Du von Dir selbst preis gebest, die alleinige Verantwortung tragen müssest.*

*Also Reinhold, ich gebe Dir grünes Licht. Für Deinen bzw. Euren Teil im Briefwechsel musst Du selbst die Verantwortung übernehmen. Ist Eure Beziehung heute stabil genug? Leserinnen und Leser werden Euch Fragen stellen. Mein Wunsch für die Ausgabe unserer Briefe ist es einfach, dass alle, die sie lesen, in ihrer Liebesbeziehung zu Gott gestärkt werden oder gar zum ersten Mal das Abenteuer eingehen, an seiner Hand durch das Leben zu gehen.*

*Sei herzlich gegrüßt*
*Dein David*

*P. S.: Vergiss bitte nicht, mir vier Exemplare zuzustellen. Paulus wird der Erste sein, der das Büchlein verschlingen wird, und mit Bestimmtheit wird er trotz des exzellenten Lektorats durch Dr. Walter Lerch, Schiers, einige Stil- oder Druckfehler (wenn nicht gar eine falsch zitierte Briefstelle) finden.*

5 Philipper 1,18

Lieber David,

ich kann nicht schlafen. Wie so oft. Ich durfte heute im Verwaltungsrat unsere neue Marketingstrategie vorstellen. Habe mit meinem Team pausenlos drei Wochen lang darauf hingearbeitet. Nach längerer Diskussion hat der Rat die Pläne zur nochmaligen Überarbeitung an mich zurückgegeben. Die Zielgruppe für unser Produkt müsse noch deutlicher herausgearbeitet werden, die Visualisierung sei in Ordnung, aber wir müssten noch griffiger texten. Jetzt bin ich müde, ausgelaugt, frustriert.

Als ich nach Hause kam, habe ich mich über die Unordnung bei der Eingangstüre furchtbar aufgeregt. Ich musste wie ein Hürdenläufer im Olympiastadion über Schulsachen, ein Rollbrett und den Einkaufskorb meiner Frau springen. Meine Frau sagte, ich sei überreizt. Aus heiterem Himmel brach ein Gewitter los und ich fragte sie, wer da wohl überreizt sei: »Ich lasse mir das einfach nicht mehr bieten, dass du deine miese Laune an der Familie auslässt«, schrie sie halb hysterisch. In Fahrt gekommen, fuhr sie mit einem der Monologe weiter, bei denen ich jeweils weghöre. Sie hätte mir jetzt lange genug wie eine Sklavin gedient. Dann schwafelte sie noch etwas, sie sei nicht mehr die Frau, die ich geheiratet hätte; ich verstand nicht genau, was sie damit meinte. Natürlich hat sie die ersten grauen Haare, die stehen ihr gar nicht so schlecht, aber sie ist doch immer noch die gleiche Frau, außer dass sie in den letzten beiden Jahren immer ungenießbarer wurde.

Während des Abendessens waren die Kinder furchtbar laut. Ich riss mich zusammen und sagte nichts, hörte nur halbherzig zu, holte mir nach dem Essen ein Bier und ließ mich vor dem Fernseher nieder. Hier konnte ich zum ersten Mal am Tag ein bisschen ausspannen. Meine Frau ging grußlos ins Bett.

Ich ging dann auch bald nach oben. Wenig später drehte ich mich nach ihr um, begann ihre Schulter zu streicheln und gurrte zärtlich: »Wir wollen uns versöhnen.« Sie jedoch nahm meine Hand von ihrer Schulter weg – wies sie richtiggehend zurück, als wäre sie vergiftet – und sagte: »Sex ist kein Versöhnungsmittel.« Ich war perplex. So hatte sie noch nie geredet. Wo hatte sie das her? Ich faselte etwas von ehelicher Pflichterfüllung und so, ich hätte auch einen intensiven Tag gehabt und schließlich müsse man ja seine Batterien wieder aufladen. Ich stand wieder auf und ging nach unten.

Nun sitze ich im Wohnzimmer vor dem zweiten Bierchen und einem großen Salamibrot. Eben lese ich in einem Deiner Lieder: »Fürwahr, ich habe meine Seele gestillt«[6]. Was genau meinst du mit dem Ausdruck *Seele*? Kannst Du mir sagen, wie Du das geschafft hast, Deine Seele zu stillen? Du gebrauchst in Deinem Lied sogar das Bild des entwöhnten Säuglings, der entspannt am Herzen seiner Mutter liegt, ohne unruhig nach Nahrung zu suchen. Du hast Deine Seele gestillt und »beruhigt«.

Wie macht man das, dass in der Seele Ruhe einkehrt? Wie geht das vor sich, wenn man seine Seele stillen will? Muss ich mir das als eine Art »seelische Selbstversorgung« vorstellen? Hast Du damals Psalmen gedichtet, um Dich aufzubauen? Hast Du jeweils die Harfe vom Nagel genommen und mächtig in die Seiten gegriffen? Oder ging es bei Dir viel kreatürlicher zu, auch wenn Du den Griff zum Kühlschrank noch nicht kanntest? Pflegtest Du Dich bei einer Deiner vielen Frauen zu stillen? Auf Deine Antwort bin ich gespannt. Ich merke nämlich, dass das

6 Psalm 131,2

für mich ein Thema ist. Und für meine Mitarbeitenden auch. Viele sprechen von »Burnout«.

Dabei müsste es nur zu Hause rund laufen, dann wäre man den Dauerstress los. Wieso hat meine Frau Familie und Haushalt so schlecht im Griff? Das ist doch keine große Sache!

Sei herzlich gegrüßt
Dein Reinhold

*Lieber Reinhold,*

*ich danke Dir für Deinen Brief und Deine Offenheit. Da spitzt sich in Euer Ehe und Familie offenbar etwas zu, das Ihr angehen solltet. Solche Krisen sind ja eigentlich normal, doch es ist jetzt bei Euch allen ein Entwicklungsschub angesagt. Vielleicht ist gerade Deine Frage nach dem »Stillen« der Schlüssel dazu.*

*Ich unterscheide zwischen dem Leib mit all seinen körperlichen Regungen und Bedürfnissen und der Seele, die ich mir als sehr umfassend vorstelle: Zum Bereich der Seele gehören die Empfindungen, unsere Fantasien, unser Denken, unsere bewussten und unbewussten Strebungen, also auch der Wille. Alles, was unsere innere Lebendigkeit ausmacht, ist Seele. Gegenüber dem Leib ist sie ungetrennt und unvermischt.*

*Wie Du Deine Seele stillen kannst? Du gehörst zu einer Generation, die Überfluss hat und zugleich ungestillt ist. Mir kommt es so vor, als wenn Ihr einerseits verwöhnt und andererseits verwahrlost wärt. Ihr müsst Euch ständig etwas »reinziehen« und habt auch die Möglichkeiten dazu. Ihr seid ständig auf der Suche nach dem »Kick« (nennt Ihr das nicht so?). Ständig muss etwas Neues her. Der Homo sapiens mutiert zum »homo zappiens«, wie Du es mit dem Bierchen vor dem Fernseher tatest! Das hat mit dem Tempo und dem Druck zu tun, mit denen Ihr lebt. Wir hatten es da etwas einfacher. Jedenfalls war es am Anfang meines Lebens so, später am Hof war es anders.*

*Du fragst, wie ich mich stille. Nun, (Ehe-!)Weib, Wein und Gesang sind nicht zu verachten. Wir Alttestamentlichen konnten die leiblichen Gaben unseres Schöpfers, gepriesen sei er, in vollen Zügen genießen. Aber zur Stillung der Seele reicht das nicht ganz. Auch das, was Ihr »Psychohygiene« nennt, greift nicht tief genug. Ihr arbeitet ja nur noch fünf Tage in der Woche. »Burnout« hat auch eine geistliche Komponente.*

*Was mich echt wundert, ist Deine Hilflosigkeit in der Frage, wie man seine Seele stillt. Hast Du nicht bemerkt, wie ich in meinen Liedern von einer höheren Plattform aus meine Seele an die Hand nehme? Mein Geist führt Selbstgespräche mit ihr. Er fragt sie: »Was bist du so bekümmert, meine Seele, und so unruhig in mir?«*[7] *Der Geist spricht der Seele gut zu: »Harre auf Gott, ich werde ihm noch danken, ihm, meinem Helfer und meinem Gott.« Manchmal musste ich meine schlaffe Seele auch ein wenig »puschen«, sagt Ihr, glaube ich: »Lobe den Herrn, meine Seele, und vergiss nicht, was er dir Gutes getan hat.«*[8] *Ich verstehe wirklich nicht, warum Ihr nicht viel weiter seid als wir damals. Ihr habt doch den Heiligen Geist im Übermaß!*

*Paulus und ich verweilten heute Morgen auf einer Sandbank am großen Strom. Er floss still dahin, die Strömung war kaum zu erkennen und doch war alles in Bewegung. Seine randvolle Ruhe, sein stetes Strömen lockte mich, einfach hineinzusteigen und mich vom Strom des Lebens tragen und treiben zu lassen. Aber es war noch nicht Zeit, unser Gespräch abzuschließen: »Die leben zuwenig vom Geist her«, sagte er mir und räkelte sich im Sand. »Da habe ich doch damals im Brief an die Thessalonicher geschrieben: ›Der Gott des Friedens selbst aber heilige Eech durch*

---

7 Psalm 42,6

8 Psalm 103,1–2

*und durch, und unversehrt möge euer Geist und Seele und Leib bewahrt werden‹*[9]*. Die sind so seelengesteuert.«*

*Reinhold, in Euch übernimmt der Geist, der ja die Plattform des Heiligen Geistes ist, zu wenig die Führung! Dann nimmt die Seele das Heft in die Hand, oder gar der Leib mit seinen Lust- und Unlustimpulsen. Wenn Du also das nächste Mal ungestillt bist, setz Dich hin. Lass den Heiligen Geist zu Deinem Geist sprechen: »Du bist mein geliebter Sohn.« Nimm von Deinem Geist her Deine aufgewühlte, aufgebrachte, entmutigte Seele ein wenig in die Arme. Drücke sie an Dich. Sprich ihr gut zu. Befrage sie auch. Ich denke, dabei können Dir auch meine Lieder helfen. Ich habe darin manchmal mit meiner Seele einen sehr weiten Weg zurückgelegt. Gott bzw. mein Geist holte die Seele zum Beispiel bei Rachegedanken ab und führte sie bis hin zum Lobpreis. Ich muss Dir ein andermal mehr darüber berichten. Übrigens, wie Du Deinen Geist stärken kannst, verrate ich Dir das nächste Mal. Ich muss schließen, Paulus holt mich ab zu einem Bummel in die goldene Stadt.*

*Mit lieben Grüßen*
*Dein David*

*P. S.: Der Zusammenstoß mit Deiner Frau tut mir echt leid. Sie scheint sich zu verändern und abzugrenzen. Wie schätzt Du die Bausubstanz Eures Ehehauses ein?*

Lieber David,

Du fragst, wie es um unsere Beziehung stehe. Wir haben es im Großen und Ganzen gut zusammen. Wenn meine Frau noch ein bisschen zufriedener wäre, ginge es uns sogar blendend. Seit ich den Job gewechselt habe, fordert mich der Beruf extrem; leider bekomme ich von zu Hause her Null Unterstüt-

9 1. Thessalonicher 5,23

zung. Im Gegenteil: Immer, wenn ich mich vom Abendessen abmelde, weil wir noch eine Nachtschicht einlegen, kriege ich an Stelle eines guten Wortes für den Sondereinsatz noch eins obendrauf. Gerade letzte Woche hatte meine Frau am Telefon einen solchen Ausbruch; sie schrie in den Hörer: »Es scheißt mich langsam an, es ist in dieser Woche schon das dritte Mal, dass du nicht zum Abendessen kommst!«, und legte dann auf.

Sie meint, die ganze Verantwortung für die Familie liege allein auf ihren Schultern. Das ist mitnichten so. Erstens finanziere ich das ganze Unternehmen. Zweitens trage ich auch praktisch meinen Teil bei. Wenn ich abends nach Hause komme, gebe ich meine Anweisungen. Meist geht es um Ordnung im und ums Haus, um die Hausaufgaben der Kinder. Manchmal helfe ich beim Zeitmanagement und frage dann, wann es endlich zu essen gebe. Ich möchte doch einfach, dass wenigstens das Geschäft zu Hause rund läuft. Nach einem zwölfstündigen Arbeitstag darf ich doch sicher erwarten, dass wenigstens das bisschen Haushalt einigermaßen gut erledigt ist.

In letzter Zeit kommt es gehäuft zu Unstimmigkeiten, wenn ich heimkehre. Meine Frau sagt dann immer, dass es bis zu meiner Heimkehr sehr gut gegangen sei: »Du bringst eine solche Unruhe mit nach Hause; du forderst und nörgelst oder dann hört man gar nichts von dir, weil du hinter der Zeitung verschwunden bist.« Dabei will ich mit meinen Anweisungen nur helfen, ein bisschen Ordnung in den Laden zu bringen. Es ist eben meine Begabung, zu sehen, was noch nicht gut ist. Anfangs hat das meine Frau sogar geschätzt. Jetzt meint sie, ich sei das Problem, dabei müsste nur sie ihren Laden besser im Griff haben.

Du siehst, uns geht es eigentlich ganz gut, wir haben uns nur ein bisschen auseinander gelebt. Schwieriger ist es vor allem darum geworden, weil meine Frau an drei Nachmittagen wieder in ihrem alten Beruf arbeitet. Sie überfordert sich dabei permanent. Auch haben ihre neuen Freundinnen im Literaturzirkel nicht den besten Einfluss auf sie. Aber wir funktionieren eigentlich sehr gut. Die Kinder merken gar nichts. (Mir fällt zwar ein, dass sie näher zu meiner Frau gerückt sind und mein Platz in der Familie immer mehr an den Rand gedrängt wird; aber das hat mit meiner Arbeitszeit zu tun!). Unser Sexualleben ist ein wenig eingeschlafen, da hatten wir früher mehr drauf.

Das mit dem Geist hat mich sehr interessiert. Ich merke, wenn Du von Geist sprichst, meinst Du nicht den Intellekt (im Sinne von: »Sie hat einen wachen Geist«). Haben wir da ein sprachliches Problem? Geist verbinden wir meist mit Denken (»Geisteswissenschaften«). Mir kommt es so vor, als ob Du mit dem Ausdruck *Geist* einen Teil in uns bezeichnest, der Gott zugewandt ist, sozusagen ein inneres Hör- oder Sehorgan für die göttliche Dimension. Weißt Du, wie ich mir das bildlich vorstelle? Ich stelle mir den Geist wie eine Satellitenschüssel vor, die an unserem Lebenshaus befestigt ist und die Gottes Geistimpulse aufzufangen vermag. Würde mich noch interessieren, wie Paulus darüber denkt. Habe gerade bei ihm gelesen: »Sein Geist bezeugt unserem Geist, dass wir Kinder Gottes sind.«[10] Das würde ja bedeuten, dass es eine Art Kommunikationsplattform gibt zwischen dem Geist Gottes und unserem Geist.

Du schriebst in Deinem letzten Brief, dass Du mich darüber aufklären möchtest, wie wir unseren Geist stärken können. Du hast ja in Deinen Liedern vorgeführt, wie unser Geist die Seele wie an die Hand nehmen und sie einen Weg führen kann. Ich habe übrigens noch eine solche Stelle in einem Deiner Gebete entdeckt, wo Du mit Deinem Geist Deiner Seele gut zuredest: »So sei nun wieder zufrieden, meine Seele; denn der Herr tut dir Gutes.«[11] Das ist doch auch so ein Ausspruch, in dem es um die

10 Römer 8,16

11 Psalm 116,7

Seelsorge an der eigenen Seele geht. Praktizierst Du das eigentlich immer noch? Und eben, wie stärken wir unseren Geist?

Ich schätze den Briefwechsel mit Dir. Ich habe ja mal zwei Semester Theologie studiert, bevor ich Betriebswirtschaft belegte. Geistliche Fragestellungen interessieren mich aber immer noch. Manche sagen mir auch, ich solle doch in unserer Kirchengemeinde mehr Verantwortung übernehmen, einen Hauskreis leiten oder im Gottesdienst mitwirken. Mir fehlt dazu die Zeit. Weißt du, David, Markt und Markenbildung sind meine Leidenschaft. Dabei bin ich zwar auch schöpferisch tätig, aber mein Geist bekommt so nur wenig oder gar keine Nahrung. Er ist in den letzten Jahren sogar »geschrumpft« und damit ist auch meine Seele verkümmert. Ich bin in den letzten beiden Jahren irgendwie stumpfer geworden, oberflächlicher, weniger aufmerksam; doch das könnte auch eine Folge des dauernden Gekeifes meiner Frau sein.

Mit herzlichen Grüßen
Dein Reinhold

*Lieber Reinhold,*

*nein, bei uns in der Ewigkeit braucht es keine Seelsorge. Damit also auch nicht eine an der eigenen Seele. Gott erfüllt bei uns alles mit seiner Gegenwart. Es gibt bei uns keine Tränen, kein Geschrei, keinen Schmerz*[12]*. Ich kann mir nicht einmal mehr vorstellen, was Zahnweh ist oder ein Ehekrach.*

*Damals, als ich vor der Lade tanzte*[13]*, hatte ich für einen Moment einen Vorgeschmack davon, was es heißt, in der Gegenwart Gottes zu leben. Ich war so durch und durch glücklich. Gott zog in unsere Stadt ein. Ich war ganz in Gott verliebt. Im Nachhinein kann ich sogar die Reaktion meiner Frau Michal einordnen.*

12 Offenbarung 21,4

13 2. Samuel 6,16

*Sie war am Königshof erzogen worden, wusste genau, was sich schickte, und fühlte sich dadurch gedemütigt, dass ich kulturloser Bauerntrampel halbnackt meiner Freude an Gott Ausdruck gab.*

*Habe darüber mit Paulus gesprochen. Für das damalige Verhalten meiner Frau hat er überhaupt kein Verständnis. Als »Single« – nennt Ihr das nicht so? – hat er ja auch keine Chance, Verständnis für die Komplexität einer Frau zu entwickeln. »Du handeltest damals goldrichtig«, sagte er zu mir, »›man muss Gott mehr gehorchen als den Menschen‹. Das hat mir einmal ein guter Freund beigebracht, obschon er es in seinem Leben nicht immer konsequent durchgezogen hat.«*[14] *Paulus hat mir sogar dazu gratuliert, dass ich beim Tanzen den himmlischen König wichtiger nahm als mich selbst und die höfische Etikette. Übrigens hat mir mein Schwiegervater Michal dann wieder weggenommen und einem anderen gegeben, sozusagen als Strafaktion, als ich vor ihm auf der Flucht war.*

*Noch kurz zur Stärkung des Geistes: Wenn Du nahe am Bibelwort bleibst und die Worte der Schrift betend in Dir bewegst, wirst Du merken, dass so etwas wie eine Trennung der Kräfte der Seele und des Geistes stattfindet. Da merkst Du plötzlich: »Aha, hier meldet sich meine Seele. Die ist jetzt wütend, traurig, neidisch, euphorisch oder frustriert, weil meine Arbeit oder gar ich selber zurückgewiesen wurde.« Aber da gibt es noch einen anderen Ort in Dir, den Geist, der ganz Gott zugewandt ist. Dort wohnt Gottes Friede. Dort hörst Du seine Stimme. Bleibe am Wort! Je weniger Du Worte der Bibel intus hast, desto mehr wird das Seelische zur Lokomotive Deines Glaubens. Weißt Du, es kann manchmal so wunderbar emotional oder religiös zu- und hergehen, aber es ist dabei nicht klar, ob der Geist wirkt oder die religiös trainierte Seele. Der innige Umgang mit dem Wort stärkt in Dir das feine Gespür dafür, von welcher Seite her Du bewegt wirst.*

---

14 Apostelgeschichte 5,29

*Habe ein Thema mit Dir zu besprechen, das wir heute im Café Paradiso diskutiert haben; Paulus war auch dabei, er bestellt meistens eine Granatapfelschorle. Wie kommen bei Euch einige Konfessionen dazu, Frauen predigen zu lassen? Wir verstehen das einfach nicht. Antworte möglichst bald!*

*Sei herzlich gegrüßt*
*Dein David*

*P. S.: Lies Deine Bibel bitte genau. Die von Dir erwähnte Stelle stammt nicht aus meinen Gebeten. Aber sie ist trotzdem gut!*

Lieber David,

man merkt, dass Du schon längere Zeit in den himmlischen Gefilden logierst. »Nahe am Bibelwort bleiben« oder »die Worte der Schrift betend in sich bewegen«, was meinst Du damit? Wir sollen mehr in der Bibel lesen und Verse auswendig lernen, damit wir sie innerlich wiederholen können, wenn wir gerade den Bus verpasst haben oder sonst warten – am Kopierer bei Papierstau? Meinst Du das?

Ihr versteht nicht, warum bei uns Frauen Pfarrerinnen werden. In der Frage der Ordinierung von Frauen zum Pfarramt bin ich befangen. Meine Nichte, deren Pate ich bin, studiert Theologie. Ich gehöre zu einer Kirche, wo das nicht nur möglich, sondern auch erwünscht ist. Ich meine nicht nur die Ausbildung zur Theologin, sondern auch die Übernahme eines Amtes. Der größere Teil der Christenheit lehnt es jedoch ab, dass Frauen einer Gemeinde vorstehen können. Die größte christliche Kirche verbietet es sogar, dass ein verheirateter Mann Priester wird bzw. dass ein Priester heiratet. Du siehst also, dass da im Laufe der Jahrhunderte in der Entwicklung der Kirchen verschiedene Ausprägungen stattgefunden haben. Sie alle berufen sich dabei auf die biblische Tradition. Die einen auf einzelne Bibelstellen, die anderen mehr auf den Gesamtzusammenhang der Bibel. Bibelstellen (an sich) finde ich nur solche, aus denen man eine Ablehnung der Ordination von Frauen herauslesen könnte. »Die Frau schweige in der Gemeinde. Zu lehren gestatte ich einer Frau nicht«[15], so dein Freund Paulus im Originalton. Aber muss man denn alles so wörtlich nehmen? Dann müssten doch konsequenterweise alle Frauen Kopftücher tragen, ohne jeglichen Schmuck einhergehen und einzig als »Gebärmaschinen« ihren Job verrichten. Ich würde einiges darum geben, mit Paulus im Café Paradiso seine Begründung zu diskutieren: »Adam wurde nicht verführt, das Weib wurde vielmehr verführt und ist in Übertretung geraten. Sie wird aber gerettet werden durch das Kindergebären«.[16] Gut, es war nicht Adam, der verführt wurde. Aber wo war er gerade in dieser kritischen Zeit. Tummelte er sich mit den Delphinen im Wasser? Jedenfalls war er im entscheidenden Augenblick nicht da.

Ich bin der Meinung, dass viel Unheil gerade daraus hervorgeht, dass Männer äußerlich und innerlich wegtreten. Ich muss Dir vielleicht einmal später von der Arbeitssucht und Fahnenflucht der Väter berichten. Ich bin ja jeden Sonntag zu Hause und rufe nur am Sonntagabend meine Geschäftsmails ab.

Gerade auch bei unserem Thema stellt sich eben die Frage, ob man gestützt auf einzelne, isolierte Bibelstellen in irgendeiner Sache Klarheit bekommen kann. Biblische Aussagen muss man doch in einem Gesamtzusammenhang interpretieren. Sonst müsste man ja einen ungehorsamen Sohn nach biblischen Prinzipien steinigen[17] und das Leinen-Wolle-Mischgewebe meines Hemdes wäre Gott nach dem mosaischen Gesetz ein Anstoß.[18]

David, unsere Gesellschaft verfügt über das Internet. Wir müssen lernen, mit 70 TV-Sendern umzugehen. Wer nicht mit

15 1. Timotheus 2,12

16 1. Timotheus 2,14–15

17 5. Mose 21,21

18 5. Mose 22,11

der Zeit geht, geht mit der Zeit. Andere Zeiten, andere Sitten, wir haben uns halt entwickelt.

Grüß Paulus von mir. Wenn er das mit der »Gebärmaschine« hört, wird er sich wohl im Café Paradiso gleich einen doppelten Schnaps bestellen.

Dein Reinhold

*Lieber Reinhold,*

*beim Lesen Deiner Zeilen habe ich mich geärgert. Dabei habe ich gemerkt, dass hier oben der Ärger anders ist als bei Euch unten. Irgendwie geläuterter, es fehlt ihm der Stachel, mit dem man sich selbst weh tun oder jemand anders verletzen kann. Aber ehrlich, der Spruch vom »mit der Zeit gehen« ist etwas vom Dümmsten, das ich je gehört habe. Beschäftige Dich ein bisschen mehr mit der Ewigkeit, dann bist Du stets modern. Wechselst Du Deine Überzeugungen wie Kleider, je nach der Mode? Die Grundfrage ist doch in allen Generationen immer die gleiche geblieben: Wie kann man vor Gott ein gelingendes Leben führen? Diese Aufgabe bleibt immer dieselbe. Es ist doch nur die Kulisse unseres Lebens, die wechselt. Die Herausforderungen für die Akteure auf der Bühne des Lebens bleiben durch die Jahrhunderte hindurch dieselben: Kampf ist doch Kampf – ob mit der Steinschleuder oder dem Sturmgewehr. Leiter sein ist doch Leiter sein – ob mit einer Krone oder einer Krawatte ausgezeichnet. Kommunikation ist doch Kommunikation – ob mit Pfeilbogen oder »Phone« (über die Freundschaft mit Jonathan muss ich Dir ein andermal schreiben). Altwerden ist Altwerden – ob mit fünfzig oder fünfundachtzig. Loslassen ist Loslassen – ob durch Krieg oder Krebs erzwungen. In all diesen Herausforderungen bleibt Er, gepriesen sei sein Name, der unerschütterlich treue Gott! Darum lade ich Dich dazu ein, unsere Texte in der Bibel sehr ernsthaft zu lesen. Sie sind geronnene Erfahrung mit Gott! Was Du über die Ordination von Frauen schreibst, habe ich verstan-*

*den. Du hast Recht, es geht ja eigentlich darum, wie wir die Bibel verstehen und auslegen sollen. Ich finde das gut, wenn Du nicht einzelne Bibelstellen aus dem Gesamtzusammenhang der Bibel herausbrichst. Jede Stelle in der Bibel muss von der Mitte her, vom Messias, den Ihr den Christus nennt, verstanden werden. Mir ist übrigens erst jetzt, von der Ewigkeit her bewusst, wie auch meine Lieder von Christus her eine neue Bedeutung bekommen haben. Weißt Du, nimm doch die Bibel nicht wie eine Ansammlung toter Buchstaben. Lies sie vor Gott mit der Bitte, dass er Dir selber durch seinen Heiligen Geist das Wort auslege.*

*Bibellesen mit den Augen ist Beäugen von Papier. Bibellesen mit dem Verstand »schreddert« – nennt Ihr das nicht so? – den Text durch den Apparat der menschlichen Logik. Bibellesen mit dem Herzen ist letztlich der einzige Weg, Gottes Stimme zu vernehmen. Nur noch kurz zwei weitere Bemerkungen zu Deinem letzten Brief: Erstens bitte ich Dich, den verächtlichen Ausdruck »Gebärmaschine« nie wieder zu gebrauchen. Ich mag ihn nicht hören, schon gar nicht von einem Vertreter einer Gesellschaft, die von einer allgemeinen Zeugungs- und Gebärmüdigkeit heimgesucht wird, dass es Gott erbarmt. Ist das wirklich Entwicklung (»wir haben uns halt entwickelt«) oder nicht viel mehr gar gewaltiger Rückschritt?*

*Zweitens fand ich Deine Ausführungen zum abwesenden Adam echt stark. War der nicht auf seinem (Wacht-)Posten? Mir fällt jedenfalls der Widerspruch zwischen Deiner theoretischen Erkenntnis und Deinem gegenwärtigen Lebensstil auf. Das mit der Arbeitssucht und Fahnenflucht der Väter würde mich näher interessieren. Aber ehrlich gesagt, Du schreibst mir zu locker darüber, so als wäre das einfach ein Naturgesetz, das man hinnehmen müsste. Reinhold, darf ich mal ganz persönlich werden: Was macht Dich so süchtig nach Arbeit? Ist es wirklich Deine Absicht, die Fahne »Vaterschaft« kampflos zu verlassen? Was veranlasst Dich zur Fahnenflucht?*

*Sei in Verbundenheit herzlich gegrüßt*
*Dein David*

Lieber David,

ich fliehe doch gar nicht, ich habe Dir ja schon geschrieben, dass ich jeden Sonntag zu Hause bin, an diesem Tag nur meine Mails checke und manchmal auf meinem Laptop ein wenig grafisch arbeite, als Spielerei sozusagen. Ich bin im Moment gestresst – beruflich und familiär. Es ist wie ein Teufelskreis: Je mehr ich mich im Geschäft reinhänge, desto frostiger wird es zu Hause. Je frostiger es zu Hause ist, desto mehr Zeit verbringe ich in unserem kleinen, kreativen Team. Wir sind dort fast wie eine Familie. Wir haben gestern eine geniale neue Grafikerin bekommen, der ich viel beibringen kann. »Reinhold«, hat kürzlich einer gesagt, »mit dir und für dich zu arbeiten, ist eine Lust!« Wir haben viel Spaß zusammen. Meine Frau glaubt mir zwar nicht, dass diese Leute gerne mit mir zusammenarbeiten. Sie täuscht sich, wir nehmen es zwar locker, streben dabei jedoch nach absoluter Perfektion. Dort bekomme ich Anerkennung, zu Hause bin ich der Trottel vom Dienst.

Meine Frau teilte mir gestern mit, sie wolle eine der beiden Sommerferienwochen mit den Freundinnen vom Lesezirkel ohne unsere Familie verbringen. Sie brauche Distanz. Sie hätte die Reise nach Prag schon gebucht. »Die bezahle ich dir aber nicht!«, entgegnete ich feindselig. »Ich habe sie bereits von meinem Lohn bezahlt!«, meinte sie triumphierend. Dann schob sie boshaft nach: »Es ist doch für dich und die Kinder eine Chance, einmal eine Ferienwoche allein zu verbringen. Im Hotel seid ihr gut versorgt.« Eigentlich fand ich die Sache gar nicht so schlecht. Trotzdem wurde ich wütend, weil sie mich vor vollendete Tatsachen gestellt hatte. Mein Stolz war verletzt und ich hatte plötzlich auch Angst: »Wenn das so weitergeht, verliere ich jede Kontrolle über sie. Ich glaube, die achtet mich nicht mehr und macht mit mir, was sie will«, ging es mir durch den Kopf.

Es ist schon reichlich spät. Morgen werde ich sehr früh zur Arbeit fahren. Das Frühstück mache ich mir ja seit Jahren selbst. (Die Frau meines Chefs wartet am Morgen mit dampfender

Teetasse und Toast auf ihren Gatten, bis er frisch geduscht und rasiert herunterkommt, um sich für den bevorstehenden Tag zu stärken.) Ich sorge selbst für mich und fahre zur Arbeit, wenn sonst alle im Hause noch schlafen. Ich werde einen wichtigen Tag haben: die nochmalige Präsentation unserer Kampagne. Ich habe ein wirklich gutes Gefühl!

Du hast im letzten Brief Lob (über die Bemerkung vom abwesenden Adam) und auch Tadel verteilt. Entschuldige, das mit der »Gebärmaschine« war wirklich daneben. Ich hoffe, dass mein Zynismus in Zukunft weniger durchschlägt. In meinem Business wird man eben hart. Du hast mir übrigens nicht berichtet, ob Paulus einen Schnaps bestellt hat. Was mir letzthin auffiel: Paulus hat Deine Lieder in seinen Briefen recht frei verwendet. Wo ist da die Ehrfurcht vor dem Text?

Sei gegrüßt
Reinhold

*Lieber Reinhold,*

*was den Schnaps betrifft: Fäulnis- und Gärungsprozesse gibt es bei uns nicht, ergo auch keinen Alkohol. Auch brauchen wir hier oben keine künstlichen Stimmungsheber. »Freude herrscht« – das ist bei uns mehr als ein Spruch. Freude ist einfach da, wie die Luft, die wir einatmen. Wir leben am Lebensstrom.*

*Ich diskutierte kürzlich mit Paulus darüber, mit welcher Freiheit er meine Liedverse zitierte. »Du hast«, sagte ich ihm, »Verse meiner Lieder in deinen Briefen frei und kreativ zitiert und sie damit in einen neuen Zusammenhang gestellt.« »Kannst du mir ein Beispiel geben«, sagte er und bestellte ein zweites Getränk. Als die Granatapfelschorle mit Feigenzucker gesüßt und Eis durchmengt auf den Tisch kam, sagte ich ihm: »Am Anfang deines Briefes an die Römer hast du Verse aus meinen Liedern aus dem Zusammenhang gerissen und neu aufgemischt, wie dieser Trank, der vor dir steht, es ist.« »Und«, sagte er, »du warst doch auch von*

*Gott inspiriert, als du sangest. Ich war es, als ich an die Römer schrieb. Gleich und gleich gesellt sich gern.« Und dann sprach er davon, wie der »Buchstabe tötet«*[19]*, der Geist hingegen lebendig mache, und dass wir in dieser Haltung mit den Heiligen Schriften umzugehen hätten.*

*Warum ich Dir das schreibe: Ihr müsst beim Lesen unserer von Gott inspirierten Worte um Gottes Geist bitten. Wenn der Zeitgeist Euer Herz erfüllt, gibt's nichts als plumpen Spott. Das »gerettet werden durch Kinderkriegen« war übrigens gegen die leibfeindlichen Gnostiker gerichtet, welche das Heil in der Abkehr von aller leiblichen Natürlichkeit sahen. Paulus sagte mir, dass er darauf abzielte, dass das Heil in der Natürlichkeit des Alltags wie dem Weitergeben von Leben, und nicht im esoterischen Ausweichen ins Feinstoffliche, Übersinnliche gefunden werden soll. Gar nicht so blöd, und ziemlich aktuell – oder nicht? Wenn Ihr die Bibel mit dem Verstand allein lest, löst sich alles Wunderbare auf, wie wenn man Salzsäure darüber gegossen hätte. (Ich weiß, dass ich Ähnliches schon im letzten Brief schrieb.) Wenn ihr jedoch die Bibel inspiriert durch den göttlichen Geist lest, werdet Ihr den tiefen Sinn hinter den vordergründigen Aussagen entdecken. Ihr werdet vom Messias her, der ja die Mitte der Bibel ist und von dem der Geist ausgeht, die richtigen Antworten auf Eure Zeitfragen entdecken.*

*Würde mich noch interessieren, wie Deine Nichte Theologie »studiert«. Wie sieht ihr »Vorlesungs- und Studierstubengott« aus? Gottes Geist ist es doch, der Euch lehrt und Euch in alle Wahrheit führt. Ich bin überzeugt, wenn ihr so zusammen vor Gott um den wahren Sinn seines Wortes ringt, findet Ihr die richtigen Antworten, auch auf Fragen, die sich uns noch nicht stellten.*

*Sei herzlich gegrüßt*
*Dein David*

19 2. Korinther 3,6

Lieber David,

das mit dem »Vorlesungs- und Studierstubengott« meiner Nichte hat mich getroffen. Als ich mein Theologiestudium begann, war ich echt begierig darauf, mehr über Gott zu erfahren. Und ich interessiere mich immer noch für theologische Literatur. Es ist für mich so etwas wie ein Ausgleich, nur bin ich in letzter Zeit nicht mehr dazu gekommen. Auch Sport treibe ich kaum mehr. Ich weiß, dass wir bei Kritik an unseren Nächsten überempfindlich reagieren. Aber es hat mich einfach verletzt, wie Du das ehrliche intellektuelle Ringen meiner Nichte in der Frage nach Gott lächerlich machst. Wie kannst Du Dir anmaßen, den Glauben meiner Nichte zu beurteilen? Ich erwarte von Dir eine Entschuldigung, Dave! Offenbar hat der himmlische Verfasser bei der zweiten, verbesserten Auflage Deines Wesens einen Fehler übersehen, dass Du immer noch so unbarmherzig richten kannst. Entschuldige den Ton, ich bin echt schlecht drauf!

Dabei hatte der Tag doch so gut begonnen: Ich stand wie geplant sehr früh auf und war bei der Präsentation des überarbeiteten Marketingkonzeptes toppräsent. Es ist durchgekommen, mit viel Lob sogar. Durfte mit dem Verwaltungsrat zum Mittagessen und der Präsident hat mir das Du angeboten. Alle Mitglieder der Geschäftsleitung gratulierten mir und Müller fragte mich beim Dessert, ob ich nicht Mitglied der Volkspartei werden wolle. »Es gibt nichts Besseres, um sich seine Netzwerke aufzubauen, als die Politik«, sagte er. Es gibt niemanden, den Müller nicht kennt. Nun ist mir die Volkspartei etwas zu »völkisch«, aber mit dem Stichwort der Politik hat er mir einen Floh ins Ohr gesetzt; die Wirtschaftspartei wäre auf mich zugeschnitten. Der Verwaltungsratspräsident fuhr mich nach dem Essen in seinem Wagen zum Firmensitz zurück, mit Genugtuung teilte ich ihm mit, dass ich dieselbe Automarke wie er fahre. Er sprach wie ein Kenner über Autos, obschon er keine Ahnung davon hat.

Ich kam dann spät nach Hause, duschte und legte mich neben meine Frau ins Bett. Ich wusste, dass sie nur so tat, als schliefe sie, ich erkenne das an ihren Atemzügen, sie sind dann gekünstelt tief und die Pausen zwischen dem Ein- und dem Ausatmen sind ein bisschen zu lang. Ich strich ihr sanft über den Nacken. Sie sagte, dass ich das gefälligst sein lassen solle. Ich sagte, es laufe zwischen uns ja gar nichts mehr und warf ihr noch weitere Dinge an den Kopf. Sie gab wie immer mit präzisen Dolchstichen zurück, ich sei ein abgebrühter Egoist, der nicht lieben könne, und hinter meiner Geltungssucht stecke nur ein tiefes Minderwertigkeitsgefühl; ich spiele im Geschäft den eitlen Gockel und zu Hause lasse ich mich fallen oder aber hänge den Chef heraus. Ich griff dann zum Zweihänder. »Wenn hier nichts mehr läuft, meine Hühner im Geschäft erwarten den Gockel freudig, mit offenen Flügeln.« Sie sagte dann, ich solle augenblicklich das Schlafzimmer verlassen. »Du kannst dich von jetzt an im Gästezimmer einrichten, du lächerliches Ekel«, rief sie mir hinterher.

Nun sitze ich im Gästezimmer. Habe in der Bibel gelesen. Irgendwo im Alten Testament. Nichts hat mich angesprochen, außer dass ich entdeckt habe, dass unser miserabler Schlafplatz im Gästezimmer schon in der Bibel vorkommt.[20] (Was haben wir unseren Gästen bislang zugemutet!) Habe dann den Geist aktiviert und versucht, die Seele zu beruhigen. Es funktionierte nicht. Die Seele raste, war verletzt, rachsüchtig, verzagt, trotzig. »Wenn die mich rauswirft, dann werde ich es ihr schon zeigen. Morgen Abend gehe ich mit Sandra aus (so heißt die neue Grafikerin).«

Ich ließ meinen Fantasien freien Lauf, malte mir das Abendessen mit ihr aus, doch ich merkte, wie sich etwas in mir dagegen sträubte. Es ist noch schwierig, dies zu beschreiben. Aber tief

---

20 Jesaja 28,20

in mir war mir ganz klar, dass ich das eigentlich nicht wollte; ich wusste in meinem Herzen, wo ich hingehöre. An die Seite meiner Frau. Ins Gästezimmer meines eigenen Hauses ausquartiert, wurde mir bewusst, dass ich einerseits meine Ehe und Familie unbedingt will, aber dass wir es andererseits so nicht schaffen können. Das hat mich völlig gestresst. Mir kommt es so vor, als befänden wir uns in einer tödlichen Abwärtsspirale und ich kann nichts dagegen tun.

Ich habe dann zu Deinen Liedern gegriffen und blieb bei einem Satz hängen: »Schüttet Euer Herz aus, liebe Leute.«[21] Ich tat das. »Gott, es geht mir so mies. Wir machen uns gegenseitig kaputt. Wir sind so ineinander verkrallt. Ich halte es kaum noch aus, ich ärgere mich über meine Frau; ich bin traurig und schäme mich; es kommt jetzt auch eine Wut hoch, dass ich wie gefangen bin in meiner Arbeit, in meinem Wesen, in meinen finanziellen Verpflichtungen. Ich will meine Ehe und mache sie zugleich kaputt. Ich bin so verzweifelt.« Ich weiß nicht, wie lange ich so gebetet habe, aber mir schien – verzeih den Ausdruck – als hätte ich mich bei Gott »ausgekotzt«. Ich war wie ausgeleert, erschöpft wie nach einem Marathonlauf. Zugleich war ich unendlich erleichtert und schlief sogleich ein.

Ich grüße Dich herzlich<br>
Dein Reinhold

*Lieber Reinhold,*

*vielen Dank für Deinen letzten Brief. Das ist etwas ganz Kostbares, zu wissen, wo man hingehört. Trau diesem inneren Gewissen! Vielleicht hast Du den Punkt erreicht, an dem Gott bei Dir Neues schaffen kann. Vielleicht ist es auch so, dass Ihr noch tiefer fallen werdet. Aber die Hand Gottes ist unter Euch ausgestreckt und sie wird Euch auffangen.*

---

21 Psalm 62,2

*Bei mir ist es spät geworden. Nicht weil ich auf die Uhr geschaut hätte – wir leben ohne Maschine, welche den Fluss der Zeit künstlich in größere oder kleinere Portionen zerschneidet. Ihr richtet Euch nach dem Zeiger Eurer Uhren, wir nach einem inneren Rhythmus. Hier hast du das Gefühl, du bist immer zur rechten Zeit am rechten Ort, es begibt sich alles so leicht. Auch wenn es für mein inneres Empfinden spät geworden ist, das Licht hier ist immer gut. Es leuchtet, ohne zu blenden. Es wärmt, ohne dass man ins Schwitzen kommt. Es hat die Klarheit des Spätherbstes in den Bergen und ist doch mild und weich und wirft keine harten Schatten: es ist einfach göttlich!*

*Offensichtlich habe ich Dich mit diesem Ausspruch »Vorlesungs- und Studierstubengott« aufgerüttelt. Ich habe in der Tat lange gezögert, bis ich diese Worte gewählt habe. »Du wirst ihm damit Schmerzen zufügen«, habe ich gedacht. »Aber nicht zu seinem Schaden«, hat es in mir nachgeklungen. In dieser Sache möchte ich einfach hart bleiben. Es bekümmert mich zutiefst, wenn ich sehe, wie bei Euch durch menschliche, intellektuelle Anstrengungen Gott gesucht wird und verstanden werden will.*

*»Was im Hirn ist, ist im Hirn, und die Existenz ist die erste aller Eigenschaften«,[22] sagte kürzlich Asmus an unserem Stammtisch. Es geht in erster Linie um Leben und erst dann um Lehre. Asmus ist ein absolutes Original. Letzte Woche erzählte er uns, wie er seinen 37. Geburtstag gefeiert hat. Hat dauernd mit einer Pistole herumgeknallt, damit sich ganz Wandsbek, so heißt das Nest, wo er wohnte, mit ihm freuen konnte. Asmus ist gelegentlich leicht frustriert, weil er in der goldenen Stadt mit ihrem wunderbaren Licht sein Lied »Der Mond ist aufgegangen« nicht mehr anstimmen kann. So war er froh, als er mitten in unserer, übrigens durch Deinen Brief ausgelösten (!) Diskussion über Glaube und*

---

22 Matthias Claudius, *Werke*, Dritter Band, Hamburg 1819, Seite 81

*Denken mit tragender Stimme doch noch passend zwei seiner Liedstrophen vortragen konnte.*

*»Seht ihr den Mond dort stehen?*
*Er ist nur halb zu sehen*
*Und ist doch rund und schön.*
*So sind wohl manche Sachen,*
*Die wir getrost belachen,*
*Weil unsre Augen sie nicht sehn.*

*Wir stolzen Menschenkinder*
*Sind eitel, arme Sünder*
*Und wissen gar nicht viel.*
*Wir spinnen Luftgespinste*
*Und suchen viele Künste*
*Und kommen weiter von dem Ziel.«*[23]

*Glaube ist Beziehung, nicht Denkanstrengung. Er vollzieht sich nicht im Kopf, wo wir »Luftgespinste spinnen«, sondern im Herz.*

*Vielleicht muss ich Dir mal das schwärzeste Kapitel meines Lebens erzählen. Alles brach damals zusammen. Ich war mit meinem Glauben am Boden, ich musste moralisch den Bankrott erklären, und als König hatte ich alle innere Autorität verloren und stützte mich lediglich auf die äußeren Machtbefugnisse. Ich war völlig unglaubwürdig. An diesem Punkt suchte mich Gott heim. Er zog mich sehr kräftig an den Ohren! Das war schmerzlich, aber er holte er mich wirklich heim, gab mir ein neues Zuhause bei sich und mit ihm. Ich bekam eine neue Lebensperspektive. Ich machte die Erfahrung, dass ich von dem lebe, was Gott austeilt. Und seitdem sind mir alle menschlichen Anstrengungen, und seien es die frömmsten und klügsten, zutiefst suspekt.*

23 Gesangbuch der evangelisch-reformierten Kirchen der deutschsprachigen Schweiz 1998, Nr. 729

*Ich hoffe, dass Du hinter meinen herausfordernden Worten ein Ringen um Dich heraushörst.*

*Sei herzlich gegrüßt und gib nicht auf!*
*David*

Lieber David,

ich muss mich richtig zwingen, nicht sogleich von mir zu erzählen. Aber Du sagst etwas Wichtiges. Unser Glaube ist kein Hirntrip, keine Theorie im Kopf, sondern ein Lebensstil. Ich bin noch sehr weit davon entfernt, dass bei mir Glaube und Leben eine Einheit werden. Ich beginne erst, überhaupt wahrzunehmen, dass bei mir Glaube und Leben wenig miteinander zu tun haben. Sie sind wie zwei Schubladen, die eine ziehe ich am Sonntagmorgen und vielleicht noch kurz zu Tagesbeginn und schließe sie dann gleich wieder; die restliche Zeit steht die andere offen.

Ich erlebe in mir noch einen anderen Zwiespalt. Ich weiß einerseits, was ich eigentlich möchte, und tue andrerseits gerade das Gegenteil davon. Ich will um unsere Ehe kämpfen und schwäche sie zugleich. Was tat ich gestern im Abendverlauf? Ich schlug wieder einen weiteren Nagel in den Sarg unserer Beziehung.

Als ich nach Hause kam, war meine Frau noch beim Unterrichten. »Kinder«, rief ich, »kommt alle mal runter«! Sie kamen sofort, meine Frau müsste drei Mal rufen und es würde immer noch nicht klappen. »Wer von euch kommt mit, ein Zelt kaufen? Wir können es noch heute Abend im Garten aufstellen.« Sie waren natürlich Feuer und Flamme. Wir kauften ein großes Igluzelt. Anschließend verschlangen wir im McDonald's große Hamburger und tranken Cola. »Das ist etwas Rechtes, nicht wie dieses ›Körnerzeugs‹, das es zu Hause gibt«, sagte ich und meine Kinder lachten, anfangs verlegen, dann immer lauter. Auf der Nachhausefahrt erzählte ich meinen Kindern, dass wir mit dem Iglu eine Woche lang in Italien zelten würden, und erwähnte: »Mama will nicht mitkommen, sie reist lieber mit ihren Lesezirkelfreundinnen nach Prag.« Ich betonte, dass ich es schade fände, dass sie die wenige Zeit, die wir zusammen hätten, lieber mit ihren Freundinnen verbringe als mit uns. Als wir nach Hause kamen, stand ein Müsli auf dem Tisch. Die Kinder hatten keinen Hunger mehr und der Älteste sagte, solches »Körnerzeugs« schmecke nach Kaninchenfutter und »beim Campieren wollen wir dann jeden Abend grillen, gell Papi!« Als meine Frau fragte, was denn da abgehe, sagte der Jüngste, dass wir nach Italien zelten gehen müssten, weil sie mit ihren Freundinnen im schönen Hotel in Prag lieber viel Geld ausgebe, als Ferien mit der Familie zu machen. Der Abend war futsch, in gedämpfter Stimmung stellten wir das Zelt auf unserem Rasen auf.

Zum ersten Mal merkte ich, dass unsere Lage vielleicht doch ernster sei, als ich gedacht hatte. Vor dem Schlafengehen sagte mir meine Frau, sie komme jetzt nicht mehr weiter. Sie suche sich Hilfe. Sie wird wieder einmal zu einer »Seelsorgetante« rennen oder sich bei jenem »Psychoonkel« Rat holen, bei dem sie schon mal mein gutes Geld hat liegen lassen. Ich muss zwar zugeben, dass es gut investiert war; seitdem lebt sie in Frieden mit ihrer Mutter, mit der ich mich natürlich von Anbeginn an blendend verstanden habe.

Noch etwas zum »Vorlesungs- und Studierstubengott«. Ich verstehe Dich jetzt besser und merke, dass Du es im Grunde gut meinst. Du bist auf meinen Vorwurf mit dem Fehler in der zweiten, verbesserten Auflage überhaupt nicht eingegangen. Kann man im Himmel nicht mehr »einschnappen«? Dir geht es darum, dass aus dem Glauben nicht auch noch ein Stress – auch kein intellektueller – gemacht wird. Die Sache ist für mich erledigt.

Deine persönliche Krise ist übrigens bei uns bekannt. Du schliefst mit der Frau Deines Nachbarn. Als sie schwanger wurde, versuchtest Du das Ganze zu vertuschen, indem Du das werdende Kind als Kuckuckskind dem Nachbarn unterschieben wolltest. Als das nicht funktionierte, hast Du den Nachbarn in einer von Dir provozierten gefährlichen Kriegsaktion umkommen lassen. Dann hast Du die Frau zu Dir an den Königshof geholt. Wir beobachten solche Abstürze – vielleicht nicht gerade mit den tödlichen Konsequenzen – fast täglich bei Persönlichkeiten in Politik und Wirtschaft. Selbst Verantwortliche christlicher Gemeinden »trifft es«. Das hat mit dem Stress und mit ihrem exponierten Lebensstil zu tun.

Sei herzlich gegrüßt
Reinhold

*Lieber Reinhold,*

*Du hast in trockenen, knappen Worten meine Lebenstragödie zusammengefasst. Einiges fehlt jedoch. Ich musste die Konsequenzen meines Ehebruchs tragen. Kannst Du Dir das vorstellen? Es kostete das Leben meines Kindes. Ich habe noch jahrelang den toten Säugling vor mir gesehen, der in meiner Königskammer aufgebahrt lag. Mein Kind. Wie schön es aussah. Tot. Wegen mir. Und immer, wenn ich nach meiner Siesta auf unserer Dachterrasse umherging, schaute ich in den Hof unseres Nachbarhauses hinunter. Hier hätte mein Nachbar Feigen pflücken oder seinen Kindern beim Spiel zuschauen können. Wegen mir musste er sein Leben lassen. Das ist etwas vom Härtesten, wenn man etwas nie wieder gutmachen kann. Dabei war ich mir am Anfang gar nicht bewusst, was ich angerichtet hatte. Ich nahm es zuerst ziemlich leicht.*

*Ich muss mich heute kurz fassen, Asmus hat mir gesagt, heute käme eine Frau zu unserem Stammtisch ins Café Paradiso. Das kommt selten vor. Ich möchte mich nicht verspäten.*

*Nur noch etwas: Ich bin froh, dass Du im Satz über die Abstürze selbst von Verantwortlichen in christlichen Gemeinden »trifft es« in Anführungszeichen gesetzt hast. Natürlicherweise »trifft« einen ein Blitz oder ein Hirnschlag. Abstürze wie die von Dir genannten haben eine Vorgeschichte, sie bauen sich auf wie ein Gewitter. Wir müssen uns mal über Eigenverantwortlichkeit unterhalten! Wir sollten auch über Deine Zustände des Ausgelaugt-irgendwie-leer-und untröstlich-Seins sprechen. Genau in diesen Seelenlagen beginnen unsere verhängnisvollen Abwärtsspiralen.*

*A Dieu*
*David*

Lieber David,

es herrscht zwischen mir und meiner Frau so etwas wie Funkstille. Wir reden wenig und das Wenige ist sachbezogen. Wir geben uns sichtlich Mühe, anständig zu sein. Wir wollen die Ehe, die wir doch beide bewusst vor Gott geschlossen haben, gut führen. Wir sind beide vorsichtig geworden, in unseren spärlichen Gesprächen nicht auf eine Mine zu treten. Aber diese scheinen sich täglich zu vermehren. Gesprächsthemen wie meine Arbeit, die nächsten Sommerferien oder mein Geld (meine Frau würde natürlich von unserem Geld sprechen) sind heikel geworden. Die Erziehung unserer Kinder ist zum Schlachtfeld geworden, was diese geschickt auszunützen wissen, ohne dabei glücklich zu sein. Im Gegenteil, sie wirken ziemlich verunsichert. Nur weil meine Frau so uneinsichtig ist, kämpfen wir jetzt auf dem Buckel unserer Kinder, das haben sie nicht verdient. Nur unser Sexualleben ist kein Kampfplatz mehr, sondern ein stiller Friedhof. An das Bett im Gästezimmer habe ich mich zwar gewöhnt, aber das Ganze kann so auf die Dauer nicht weitergehen.

Wenn ich nur ein bisschen mehr zu Hause wäre, ein bisschen entspannter und weniger umgetrieben, dann würde sich alles lösen. Dabei wäre die Sache doch so einfach, meine Frau müsste mich nur ein bisschen mehr unterstützen und die Dinge so sehen, wie ich sie sehe.

Aber nun zurück zu Deiner Geschichte: Anfangs sei Dir die Tragweite Deines Vergehens nicht bewusst gewesen. Ich weiß, dass Dir ein wacher Seelsorger die Maske vom Gesicht reißen musste, damit Du erkanntest, wie schuldig Du warst. Nathan hieß er, wenn ich mich nicht irre. Es ist gut, wenn wir in unserem Leben schonungslos mit unseren Schwachstellen konfrontiert werden, dann können wir uns verbessern. Ich fasse mich auch kurz. Hab morgen mit dem Verwaltungsrat einen Strategietag zum Thema, wie wir als Unternehmen wachsen und unsere Marktposition ausbauen können. Zum Glück ist die Stimmung im Gremium gut. Ich danke Gott, dass ich nicht so viele Auseinandersetzungen durchstehen und Kriege führen muss wie Du damals. Von kleineren Intrigen abgesehen, läuft es im Geschäft rund.

Sei herzlich gegrüßt
Dein Reinhold

*Lieber Reinhold,*

*und wie geht es Deinem Herzen? Wie willst Du nach außen Siege erringen, wenn Du zu Hause Niederlagen erlebst? Könnte es sein, dass der Schlüssel zu einer Veränderung in Dir liegt?*

*Dein David*

Lieber David,

ich habe mich in den letzten Wochen wirklich angestrengt und mir außerordentlich Mühe gegeben, korrekt zu sein. Ich selber bin in letzter Zeit völlig erschöpft, von einer kaum fassbaren Traurigkeit erfüllt. Ich decke mich dann mit Arbeit ein, das hat eine betäubende Wirkung und so kann ich vergessen. Ich vergesse die Misere zu Hause und mich selbst spüre ich auch nicht mehr. Dann ist mein mieses Gefühl wie weggeblasen, ich komme auf Touren und fühle mich stark, und als angenehmes Nebenprodukt bekommst du Anerkennung für die Leistung, in meinem Fall sogar happige Lohnzulagen. Ich hatte gerade gestern mein Qualifikationsgespräch. Mein Vorgesetzter fand meine Leistung im letzten Jahr exzellent, für die Leistungskomponente meines Lohnes könnte meine Frau neben Prag auch noch Paris und Peking besuchen. Du hast Recht, ich erringe nach außen Siege, zu Hause scheitere ich. Ich führe im Geschäft engagiert und inspiriert mein Team, zu Hause bin ich ein Versager.

Reinhold

*Lieber Reinhold,*

*zu versagen, ist für uns Männer eine Urangst. Dies wurde mir bei meinem Absturz ganz klar. Ich habe Dir ja gesagt, dass mir meine Schuld anfangs nicht bewusst war. In schlaflosen Nächten meldete sie sich kurz, es gelang mir jedoch immer, sie wieder zum Schweigen zu bringen: »Mein Nachbar hat seiner Frau doch so wenig Zuwendung zukommen lassen, selbst seine Feigenbäume hat er liebevoller behandelt als sie«, rechtfertigte ich mich. Unglaublich, wie erfinderisch ich in meiner Selbstüberlistung war. »Er starb doch eines ehrenhaften Soldatentodes, er wollte es so haben, ich hatte ihm ja Urlaub angeboten.«*

*Dann kam Nathan. Er hat mich aber nicht demaskiert, wie Du denkst! Er hat mich keineswegs in die seelsorgerliche Mangel genommen, da wir bei Druck bekanntlich nur mit Gegendruck reagieren. Er sprach zu meinem Herzen. Wie er das tat? Wie man eben zum Herzen spricht. Er erzählte mir eine einfache Geschichte. Ich empörte mich über den reichen, hinterlistigen Mann in seiner Erzählung, der gewaltige Schafherden besaß und einem Armen dessen einziges Schaf wegnahm. Als Nathan die Geschichte zu Ende erzählt hatte, schaute er mich ernst und zugleich liebevoll mit seinen traurigen Augen an. Noch heute klingt mir seine Stimme in meinem Ohr: »Ata, ha isch«[24] – Du bist der Mann. Da fiel es mir wie Schuppen von den Augen. Ich bin schuldig. Schuldig vor der Frau. Schuldig vor dem werdenden Kind. Schuldig vor meinem Nachbarn. Schuldig – die Erschütterung ging noch tiefer. Entschuldige, wenn ich jetzt abbreche. Ich muss zu meiner Harfe greifen, und das große »Bara«[25] singen. Es ist einfach unglaublich. Bei den Menschen ist das unmöglich, so etwas kann nur Gott, gepriesen sei er.*

*Bis bald*
*D.*

Lieber David,

ich kenne das auch, dass man die innere Stimme zum Schweigen bringen kann. Dann komme ich mir wie ein Autofahrer vor, auf dessen Armaturenbrett ein rotes Licht aufleuchtet. »Kein Öl mehr«, denkt er bei sich. »Dem lässt sich abhelfen«, sagt er zu sich. Er greift nach dem Hammer und zerschlägt das Display. Das Licht leuchtet nicht mehr. »Das Problem ist behoben«, tröstet er sich.

Zurzeit verhalte ich mich so meiner Frau gegenüber. »Geh zu ihr und bitte sie um Verzeihung, das mit den Hühnern hat sie verletzt«, sagt etwas in mir. »Ich habe doch bloß Spaß gemacht«, rechtfertige ich mich. »Du hast sie am empfindlichsten Ort getroffen«, sagt wieder die Stimme in mir, »nicht mehr geliebt zu werden, trifft ihren Nerv.« »Sie ist schuld, weil sie sich mir entzogen hat, ›entzieht euch einander nicht‹«,[26] kontere ich. »Komm mir nicht mit diesem biblizistischen Taschenspieler-

24 2. Samuel 12,7

25 Psalm 51,12

26 1. Korinther 7,5

trick«, sagt die Stimme, »der Teufel hat (bei der Versuchung Jesu) auch verfänglich zitiert, nur gekonnter als du«.

Ich arbeite viel, um diese feine, innere Stimme in mir zum Schweigen zu bringen. Gelegentlich blinkt das Warnlämpchen zwar noch auf, aber immer seltener. Mein Gewissen bekommt Hornhaut.

Doch zurück zu Dir: Was geschah dann bei Dir genau – Du schreibst, dass Deine Erschütterung noch tiefer reichte?

Tschüss
Reinhold

*Lieber Reinhold,*

*ja, sie ging tiefer. Dass ich an meinem Gott schuldig geworden war, hat mich am intensivsten getroffen. Diese Erkenntnis überfiel mich förmlich.*

*Er war mir doch immer treu gewesen. Er war mir als jungem Mann so überwältigend begegnet! Er hatte mich aus dem unendlich öden Hirtenjob herausgeholt, befreit hatte er mich von Langeweile, kalten Nächten, der Hitze des Tages, von Fliegen, Gestank und der eintönigen Ernährung von Wasser und Brotfladen. Mein Intellekt war unterernährt, meine Schaffenskraft lag brach – und plötzlich stellte er meine Füße auf weiten Raum.*[27] *– Ich merkte erst später, dass gerade diese äußerlich eintönige Zeit mich für alles Kommende ausgerüstet hatte. Er hatte mich in eine große Berufung hineingestellt, den Kleinsten und Jüngsten hatte er aus einer großen Schar von begabten Geschwistern ausgewählt. Es lag ein unverdienter, geheimnisvoller Segen auf meinem Weg. Was ich anfasste, wurde zu Gold. Der Sieg im Zweikampf mit jenem Riesen war ein Wunder. Gott machte mich zum König, trotz aller Hindernisse, und gab mir alles, was mein Herz begehrte.*

27 Psalm 31,9

*Ich hatte ihn die ganze Zeit wie einen guten Hirten erlebt, der mir den Tisch deckte im Angesicht meiner inneren und äußeren Feinde, der mich tröstete, wenn ich durch dunkle Täler schritt. Er war so großzügig, bei ihm gab es keine halbleeren Gläser, nur überfließend volle.*[28]

*Nun hatte ich Gott, gepriesen sei sein Name, enttäuscht, entehrt, verraten. Ich schämte mich zutiefst. Ich wollte als gläubiger Mensch integer leben, ich hatte andere gelehrt und war selbst gestürzt.*

*So war das!*
*Dein David*

Lieber David,

mein Tag war randvoll. Aber jetzt sitze ich in Feierabendstimmung, frisch geduscht, am Pult in unserem Gästezimmer, um auf Deinen letzten Brief zu antworten. An jenem Nullpunkt, den Du beschreibst, konnte dann ja auch Gott mit Dir neu beginnen. In einem Deiner Lieder singst Du: »Gegen dich habe ich gesündigt – gegen dich allein!«.[29] Du sprichst vom Abwaschen der Sünde wie von einem Frühjahrsputz. Ist Vergebung von Sünden, wie wenn man nach dem Duschen den Vorhang zur Seite schiebt und sauber hervortritt? Mich bewegt das, und doch denke ich manchmal: Ist das nicht zu einfach?

Unsere Situation ist viel zu verfahren, als dass das alte Hausmittel Vergebung noch etwas bewirken könnte. Ich wüsste auch nicht, worum ich um Vergebung bitten müsste. Weil ich beruflich so gefordert bin, muss ich zu Hause abschalten. Ich tue das auf meine Weise, ich kann nicht raus meiner Haut. Weil meine

28 Psalm 23

29 Psalm 51,6

Frau die Familie nicht im Griff hat, nörgle ich herum. Weil sie angreift, muss ich mich verteidigen. Weil sie mir ihre Liebe verweigert, lade ich gelegentlich Bilder herunter, die auf meinem Laptop an sich nichts zu suchen haben – ich bin ja auch nur ein Mann. Statt Zeit zu vergeben, ist es Zeit, dass sich meine Frau verändert.

Bei Dir war das anders. Du bist wirklich ausgebrochen und handfest schuldig geworden. Ich kämpfe heroisch und halte im Ehekäfig aus. Was wir brauchen, sind neue, griffige Problemlösungsstrategien für unsere Beziehung, nicht altbackene Vergebungskonzepte. So sehe ich das!

In Verbundenheit
Dein Reinhold

*Lieber Reinhold,*

*»ich bin zerknirscht und verzweifelt über meine schwere Schuld. Solch ein Opfer gefällt dir, Gott, du wirst es nicht ablehnen.«*[30] *Klingt das so einfach? Das Erkennen meiner Schuld löste die Erschütterung meines Lebens aus. Die ganze Not lag auf dem Tisch. Aber immer kommt dort, wo die ganze Wahrheit aufgedeckt daliegt, auch der Lösungsansatz zum Vorschein. Die Wahrheit macht uns frei. Hier konnte Gott ansetzen. Es war für mich wie eine Offenbarung, dass Gott die schonungslose Ehrlichkeit mehr gefiel als die vielen schönen Opfer, die wir ihm in rauschenden Gottesdiensten darbrachten. Der Weg, den meine zutiefst erschrockene Seele ging, war nicht einfach. Weißt Du, beim echten Erkennen und Bekennen der Schuld wirst Du ganz klein. Ganz ehrlich. Ganz nackt. Aber auch ganz offen für das Neue, das Gott jetzt in Dich hineinlegen kann. Und hier kam mir dann ja auch die kühne Bitte!*

---

30 Psalm 51,19

*Du schreibst, Eure Lage sei zu verfahren, als dass das »alte Hausmittel Vergebung« helfen könnte, und nahtlos fährst Du fort, dass Du keine Vergebung empfangen oder zu gewähren hättest. Mich erstaunt, dass Du so wenig Verantwortung übernimmst: Wer Dich in Deine berufliche Führungsposition geholt hat, muss wohl blind gewesen sein. Willst Du weiter Deine Frau oder die Umgebung für Dein Tun verantwortlich machen? »Ich war's nicht«, sagte Adam, der nicht auf seinem Posten war, »die Frau war es, die du mir gegeben hast«[31]. Lass es zu, dass die Ölanzeige auf dem Armaturenbrett Deines Lebens wieder aufleuchten darf. Immer wenn ich es zugelassen habe, dass Gott mein Innerstes prüfen, »durchscannen«[32] durfte, bin ich nicht enttäuscht worden. Es braucht einfach etwas Mut dazu, unsere Sicht der Dinge, die zu unseren Gunsten zurechtgerückte »Wirklichkeit« loszulassen. Frage Dich einmal, was Deine Abwärtsspirale in Gang hält!*

*Sei herzlich gegrüßt*
*David*

Lieber David,

ich kann mir vorstellen, dass Du die Vergebung wie eine neue Formatierung Deiner Lebensfestplatte empfunden hast. Ich bin gespannt, welches Deine Bitte an Gott war. Lass von Deiner Kühnheit hören! Berichte gelegentlich auch, wie es neulich an Eurem Stammtisch war. Ist sie gekommen, die Dame?

Sei gegrüßt
Dein Reinhold

P. S.: Der Motor meiner Abwärtsspirale heißt Schuldverschiebung. Das sagt jedenfalls meine Frau. Ich sei ein Meister darin,

---

31 1. Mose 3,12

32 Psalm 139,23

ihr schlechte Gefühle zu machen. Aber genau das behaupte ich auch von ihr.

Ich kam gestern besonders früh nach Hause und brachte geräucherten Lachs und Champagner mit. Einfach so. Ich wollte auf meine Art und Weise ein Versöhnungszeichen setzen. Und was war ihr Kommentar? Ob ich etwa meine, seelische Verletzungen ließen sich »kulinarisch heilen«? Als ich ihr sagte, Liebe gehe durch den Magen, sagte sie, »aber nur bei Männern, die wenig Herz und ein kleines Hirn haben«. So habe ich einen weiteren Abend allein in unserem Gästezimmer verbracht – mit Lachsbrötchen, Champagner und dem schalen »Trost« einiger schmieriger Bilder.

*Lieber Reinhold,*

*den ersten Satz Deines Briefes verstehe ich überhaupt nicht (»Formatierung der Lebensfestplatte«). Hat das mit Hammer und Meißel zu tun, wo man etwas auf einer Steinplatte für immer festmacht? Was in Stein gemeißelt ist, lässt sich nie mehr verändern. Jedenfalls bei uns Menschen. Bei Gott ist das ganz anders, wie ich Dir schon geschrieben habe.*

*Aber jetzt zur Kühnheit, von der Du weiter hören möchtest: Zuerst war es wie ein innerer Schrei, ein inniger Wunsch. Als ich diese Sehnsucht in Worte fasste, war es schon so etwas wie eine vertrauensvolle Bitte und ich wusste, dass sie erfüllt wird. Mir ist noch genau präsent, dass ich auf meiner Harfe einen hellen F-Dur-Akkord angeschlagen hatte, und meine Lippen formten den Satz: »Schaffe in mir, Gott, ein reines Herz«[33]. Ich gebrauchte dazu ein seltenes Wort für schaffen: »Bara«. Was für ein Ausdruck! Er ist Gottes Tun vorbehalten. Was am ersten Schöpfungsmorgen geschah, ist »bara«. »Bara« ist immer Neuschöpfung,*

33 Psalm 51,12

*wir Menschen können nur flicken oder brauchen Material, um schöpferisch tätig zu sein. Gott schafft Neues aus dem Nichts. Er spricht und es geschieht.*[34]

*Ich betete auch um einen beständigen, verlässlichen Geist anstelle meiner Labilität. Um einen Geist, der meine Seele auf Kurs hält und über ihr wacht.*

*Ich erlebte das Ganze zudem auch als Wiederherstellung meiner königlichen Würde. Kannst Du Dir das vorstellen? Zuerst scheint dir das Rückgrat gebrochen, dann stehst du rehabilitiert da, wie neu geboren, frei. Auf einen Schlag waren auch alle Rechtfertigungsversuche, zu denen ich verdammt war, weg. Ich zerschlug nicht das Lämpchen auf dem Armaturenbrett, sondern Gott löste mein Problem in der Tiefe. So etwas kann nur Gott, gepriesen sei er. Halleluja.*

*Heute Nachmittag schlenderte ich den Strom entlang, in welchem sich das Licht wundervoll spiegelte, die Wellen waren wie flüssiges Gold, sie schienen zu tanzen. Zu beiden Seiten des ruhig dahinfließenden Stromes war das Ufer mit großen Bäumen bepflanzt, ich blickte auf eine endlose Allee, diese Art Bäume habe ich noch nie gesehen. Es wehte ein sanfter Wind, die Blätter bewegten sich leicht, ihr Geräusch glich dem sanften Rauschen einer Birke, in der der Wind spielt. Man sagt, die Blätter seien Heilblätter zur Heilung der Völker. Ich sah die endlose Reihe von Bäumen vor mir, jeder einzelne Baum hatte ein riesiges Astwerk, das sich bis ins Unendliche verzweigte, und jedes dieser feinen Ästchen trug unzählig viele Blätter.*

*Ich dachte zurück, hörte den hellen Klang meiner Harfe, ich hörte mich selbst, wie ich mit meinem Bariton das große »Bara« sang, in dem meine Verzweiflung zur kühnen Bitte wurde. Leise summte ich es wieder vor mich hin, jenes Lied vom neu geschenkten Leben, als ich den großen Strom entlangschritt. »Damals löste sich eines dieser Blätter vom Ast, und schwebte hinunter bis*

---

34 Psalm 33,9

*zu dir«, dachte ich. Gott, gepriesen sei er, hat mich damals heil gemacht. Was es ihn dabei selbst kostete, konnte ich damals nur erahnen. Heute weiß ich mehr.*

*Übrigens: Es kam tatsächlich eine Frau ins Café Paradiso. Wer es war? Das sollst Du selber herausfinden. Als erster Anhaltspunkt: Sie stammt aus meinem Volk, war ursprünglich Jüdin.*

*Schalom*
*David*

Lieber David,

bei uns ist etwas Merkwürdiges geschehen. Meine Frau kam gestern von ihrer »Seelsorgetante« nach Hause. Dreimal ist sie schon dort gewesen. »Wie war's?«, fragte ich, obschon ich wusste, dass sie nichts sagen würde. Zu meiner Überraschung meinte sie: »Ich habe etwas gelernt.« »Du bist also lernfähig«, kommentierte ich schnöde. Zu meinem Erstaunen ließ sie sich nicht provozieren. Da wusste ich, dass wirklich etwas Wichtiges vorgefallen war, und fragte sie nach ihrem Aha-Erlebnis. »Ich habe gelernt, dass ich mein Glück nicht von dir abhängig machen soll.« Ich schwieg und überlegte, verstand aber nicht ganz. Ich warf ihr einen fragenden Blick zu und bemerkte, dass ihr Tränen in den Augen standen. (Sie sieht dann wunderbar aus!) Was hatte ich jetzt wieder falsch gemacht? Ich hatte doch gar nichts gesagt. Sie kam auf mich zu, ergriff meine Hand und umschloss sie mit ihren weichen, warmen Händen. Dann sagte sie: »Es tut mir leid, dass ich von dir verlangt habe, dass du mich glücklich machen solltest. Du kannst das nicht und du musst das auch nicht.« Ich war sprachlos, überrumpelt und zugleich eigenartig berührt. Ich wusste nicht, was ich antworten sollte, und strich ihr unbeholfen übers Haar. Sie ließ es zu, und ich merkte, wie sich auch in mir die Anspannung legte.

Ich musste abends lange darüber nachdenken und kam mit der Arbeit, die ich mir mit nach Hause genommen hatte, kaum vom Fleck. Ich spürte immer noch die Wärme ihrer Hände und merkte, dass mit ihrer Entscheidung zwischen uns etwas Wichtiges geschehen war. Was es genau war, weiß ich nicht. Es war wie eine Art heilvolle Trennung vollzogen worden, so als wäre ich von der Leine gelassen worden – eine Art Scheidung, die uns aber nicht auseinander bringt, sondern uns dazu befreit, uns wieder einander zuzuwenden. Auf einer anderen Grundlage.

Ich empfand zunächst eine große Erleichterung, wie wenn ich seit langem endlich wieder einmal frei hätte durchatmen können. »Ich kann und muss es ihr nicht recht machen«, sagte ich mir innerlich.

Später meldete sich in mir dann auch eine Portion gekränkter Stolz (»Du kannst das nicht und musst das nicht«) oder war es Misstrauen, gar Angst? »Ich bin doch ein rechter Mann, der seine Frau versteht, glücklich macht, befriedigt. Entspricht das Ganze am Ende einfach dem Emanzipationsgehabe ihres Lesezirkels?«, fragte ich mich.

Es war schon ziemlich spät, als meine Frau nochmals runterkam. Sie sah in ihrem neuen Schlafanzug zerbrechlich aus; eigentlich begehrte ich sie noch immer, und wie! Ich tat so, als wäre ich zutiefst in meine Exceltabelle vertieft. »Noch etwas«, sagte sie und es fiel ihr sichtlich schwer, weiterzusprechen. Ich blickte sie aufmunternd an, erhob mich gar. »Ich bitte dich um Vergebung, dass ich dich aus unserem Zimmer wies. Ich war so verletzt, aber es war nicht recht.« Ich wandte mich ab, weil ich spürte, dass mir die Tränen kommen würden. Schnell wischte ich mir die Augen, schnäuzte in mein Taschentuch und murmelte etwas von einer Erkältung. »Ich danke dir«, sagte ich dann beherrscht, fast kühl, dabei merkte ich innerlich, wie weh mir diese Zurückhaltung eigentlich tat. »Wenn du möchtest, kannst du wieder in unserem Zimmer schlafen«, rief sie mir beim Hinausgehen zu. »Wenn ich nachts erwache, vermisse ich deine tiefen Atemzüge.« »Dann werde ich heute Nacht über dich herfallen«, sagte ich, »diesbezüglich stehen noch manche Rechnungen offen!« (Ich kann einfach nicht mit Gefühlen und Schwäche umgehen, muss dann immer gleich einen lockeren Spruch machen, obschon ich es gar nicht so meine.) Sie stand an der Türschwelle und ich meinte zu wissen, welche Waffe jetzt kommen würde: Ob ich das immer noch nicht kapiert hätte, das bestimme allemal noch sie. Doch sie schwieg. »Es hängt von dir ab, wie zärtlich ich sein kann«, wird sie jetzt gleich sagen. Aber wieder wurde ich völlig verblüfft. (Was hat die »Seelsorgetante« nur mit ihr gemacht?)

Sie lächelte vielsagend und wurde dann ernst: »Besteht denn unsere Beziehung im Begleichen von Rechnungen? Ist Liebe ein Tauschhandel?« »Selbstverständlich«, sagte ich trotzig, den Betriebswirtschaftler und Marketingmenschen mimend, »jede Beziehung ist ein Tauschhandel, Ehe ist eine Börse mit Streicheleinheiten und unser SMI ist auf einer Talfahrt, die schlimmer ist als die vor dem Zweiten Weltkrieg«, sagte ich halb im Spaß, halb im Ernst. Ich wusste, was jetzt kommen würde. »Jetzt wird unser Spiel, das wir so gut kennen und dessen Ende ich vorhersagen kann, endlich losgehen«, dachte ich. Sie aber blieb ruhig. Wie kommt es, dass sie so fest in sich gegründet ist? »Höre mir gut zu«, sagte sie, überhaupt nicht herablassend, wie sie es sonst oft tat, »auch ich kann und muss dich nicht zufrieden stellen.« Sie sagte das so selbstverständlich: »Wir haben doch bis zur Genüge erlebt, wie diese verdammte gegenseitig aufgerechnete Pflicht und Schuldigkeit die Liebe killt«, sagte sie und blieb mir weiter zugewandt. »Ich möchte die Frau werden, wie Gott sie sich für dich gedacht hat. Ihm gegenüber bin ich verantwortlich.« Sie lächelte mir zu, wünschte mir eine gute Nacht und verließ den Raum, ohne die Türe zu schließen.

Einige Zeit später hörte ich sie oben Klavier spielen, seit Monaten hat sie das nicht mehr getan. Ich ging in die Küche, an einem großen Korb ungeglätteter Wäsche vorbei, öffnete den

Kühlschrank, deckte die Speisereste des Abendessens zu, holte mir ein Bierchen und setzte mich vor den Fernseher, ohne dass ich ein Programm wählte. Ich saß nur da und hörte von ferne ihrem leisen Klavierspiel zu. Chopin – es war dasselbe Stück, das sie mir vor Jahren vorgespielt hatte, als ich sie das erste Mal in ihrer Wohnung besucht hatte.

In Deinem letzten Brief hat mich das mit der Neuschöpfung berührt. Dass Gott in unserer Tiefe einfach so souverän Neues schaffen kann, ist für mich unglaublich. Weißt Du, ich merke, wie ich meinen Glauben an meine eigenen Bemühungen und Anstrengungen kopple, immer ist da so ein Gedanke, dass ich es doch selber machen müsste. Das mit den unendlichen Baumreihen und den zahllosen Blättern hat mich irgendwie zuversichtlich gestimmt. Es hat offenbar genug. Auch für mich und meine Frau raschelt so ein Blättchen im Wind. Es wird sich zu seiner Zeit vom Ast lösen und herunterschaukeln. Ob uns heute nicht gar schon ein Heilblatt berührt hat? Bei meiner Frau jedenfalls ist das sicher der Fall gewesen.

Offenbar hat Gott kein Ressourcenproblem. Ich arbeite im Geschäft gerade an unseren Voranschlägen für das nächste Jahr. Das heißt, die anderen haben die Knochenarbeit geleistet, ich darf sie kontrollieren. Bei allen Positionen immer wieder die eine Frage: Reicht es? Entsprechen die Ausgaben den Einnahmen? Bei Gott ist einfach eine solche überfließende, verschwenderische Fülle vorhanden.

Übrigens, ich habe ein Gedicht von Asmus über Dich und Goliath entdeckt. Hat er das auch schon zitiert? Kennst Du es?

Salve
Reinhold

*Lieber Reinhold,*

*in der Tat, Gott, gepriesen sei er, hat kein Ressourcenproblem. Besprach das heute auch mit Paulus. Wir waren wieder am Strom. Wo dieser entspringt, erzähle ich Dir später. Paulus hielt anschließend einen Monolog über Gerechtigkeit. Das meiste davon habe ich nicht ganz verstanden. Aber ich merkte, es hatte mit dieser Wiederherstellung der Würde zu tun, von der ich Dir in den letzten Briefen geschrieben habe. Paulus legte extrem viel Wert darauf, dass die Spannung zwischen Gottes Heiligkeit und Barmherzigkeit bei der Wiederherstellung der Würde nicht aufgelöst wird. »Weißt du«, sagte er in freundschaftlichem Ton, »dem barmherzigen Wesen Gottes, das zugleich von seiner Heiligkeit durchdrungen ist, entspricht unsererseits, dass wir als seine Söhne und Töchter die Wahrheit in Liebe festhalten*[35]*, wie es damals Nathan bei dir gemacht hat.« Ich schwieg lange und dachte an Nathan. Ich dachte auch daran, wie ich als König regiert hatte und wie verheerend es herauskam, wenn ich auf Kosten der Wahrheit lieb gewesen war oder aber bloß wahr in kalter Lieblosigkeit.*

*»Du«, versuchte ich das Thema zu wechseln, »haben die jetzt nicht vor einem Monat schon die Früchte an diesen Bäumen geerntet?«*[36]

*Paulus stutzte. Er betrachtete die Bäume und deren Früchte, die heranreiften. »Weißt du das nicht, hier wird zwölf Mal im Jahr geerntet, bei Gott ist immer Erntezeit.« Ich machte mir dann so meine Gedanken über den göttlichen Reichtum. »Weißt du den Unterschied zwischen Himmel und Schlaraffenland?«, fragte ich meinen Freund. »Hier wird die Fülle in der göttlichen Ordnung verzehrt, der Überfluss wird in Dankbarkeit genossen«, begann ich. »Danken setzt dem Gieren Schranken«, witzelte Paulus. Und ich gab zurück: »So wird der Überfluss nicht zum Überdruss.«*

35 Epheser 4,15

36 Offenbarung 22,2

*»Ja«, sagte Paulus, »während im Schlaraffenland die Leute am Überfluss zugrunde gehen, weil sie den Geber der guten Gaben aus den Augen verloren haben. Dort führt Fülle zur plumpen Völlerei.« Wir schritten schweigend den Strom entlang und ich überlegte mir, ob wir hier darum so fröhlich und gestillt leben, weil es gar nicht anders möglich ist, als mit den Gaben auch den Geber zu empfangen.*

*Der Kies knirschte unter unseren Füßen und wir hörten den lauen Wind sanft in den Blättern rauschen. Heilblätter, dachte ich. Hier ist alles einfach, sichtbar da, was wir früher erst geglaubt hatten. Hier sind alle Schätze der Weisheit und der Erkenntnis*[37] *in den Händen des Messias weithin sichtbar.*

*Gute Nacht*
*Dein David*

*P. S.: Deine Frau entwickelt sich im Eiltempo – ich freue mich über Euren »Aufwärtstrend«.*

Lieber David,

ich habe in meiner Bibel nachgeschaut. Dort steht bei mir, dass in Christus alle Schätze der Weisheit verborgen liegen. Verborgen! Versteckt wie jene Ostereier, die mein Vater jeweils so gut verbarg, dass wir sie erst an Weihnachten fanden. Weisheit und Erkenntnis hätte ich gerne auf Abruf bereit. Auf Knopfdruck. Auch sonst herrscht überall Mangel. Verknappung der Güter, das ist der Motor unserer Wirtschaft. Du siehst, es ist schon spät und ich krieg keinen klaren Gedanken mehr zusammen. Wie ist es mit dem Gedicht? Hat es Dir Asmus schon mal rezitiert oder soll ich es Dir schicken? Hat zwar recht viele französische Ausdrücke drin.

---

37 Kolosser 2,3

Meine Frau hat völlig Recht. Ich kann nicht für ihr Glück zuständig sein. Das entlastet mich und zugleich macht es mir Angst. Das heißt ja im Klartext, dass ich keine Macht- und Druckmittel mehr habe, das zu bekommen, was ich von ihr will. Wie kann ich dann noch meine Frau dazu bringen, meine Bedürfnisse zu stillen? Wenn ich nicht mehr dafür Verantwortung übernehmen muss, wie es ihr geht, dann hat das ja zur Folge, dass auch sie nicht mehr dafür verantwortlich ist, dass es mir gut geht. Aber ich habe sie doch gerade deswegen geheiratet, weil ich sie brauche. Sie ist mir doch zur Seite gestellt, damit es mir emotional und auch sonst gut geht. Und ich schaufle – als Gegenleistung – die Kohle, um das Ganze in Bewegung zu halten. Irgendwie setzt mich meine Frau unter Zugzwang, indem sie diesen »Deal« unterläuft und sich aus der Verstrickung mit mir löst. Wer weiß, David, vielleicht wirst du noch mein »Seelsorgeonkel«, ich bin so verunsichert.

Sei herzlich gegrüßt
Reinhold

P. S.: Du musst schon noch ein bisschen mehr schreiben, damit ich herausfinde, welche Frau letzthin im Café Paradiso auftauchte. War es eine alttestamentliche Gestalt? Ruth? Mirjam?

*Lieber Reinhold,*

*das bin ich doch schon lange, Dein Seelsorger. Und Du bist eine harte Knacknuss, aber Gott wird mit Dir ans Ziel kommen. Ich denke, dass wir uns in nächster Zeit weiter darüber unterhalten sollten, wie Du Dich stillen kannst. Wie man das Herz ausschüttet, hast Du ja gelernt. Wie aber füllst Du es?*

*Mir kommt eben ein Bild aus meiner Hirtenzeit: Stell Dir eine Wüste vor. Es ist heiß und Du suchst Dir ein schattiges Plätzchen. Da sehe ich sie von weitem, eine wunderschöne Akazie. Ich halte auf sie zu und je näher ich ihr komme, desto deutlicher nehme ich den Duft war, den sie verströmt; ein feiner, kühler, dezenter*

*Duft. Ich strecke mich im Schatten dieses Baumes aus und staune über das blühende Wunder inmitten der Einöde. Wie viele Liter Wasser pro Stunde verdunsten seine Blüten und Blätter? Wie tief reichen seine Wurzeln? Welche unterirdischen Wasserströme vermögen sie aufzunehmen! Was für ein Geheimnis steckt hinter diesem Baum, »gepflanzt an Wasserbächen, dessen Blätter nicht verwelken und der Frucht zu seiner Zeit bringt«[38]? Du wirst lernen, am unterirdischen Wasserstrom angeschlossen zu sein, dann forderst Du weniger von Deiner Frau und kommst trotzdem nicht zu kurz.*

*Zu Deiner Frage nach der Person, die kürzlich ins Café Paradiso kam: Nein, es ist keine biblische Gestalt. Die Frau lebte im letzten Jahrhundert:*

*Sie wird als elftes Kind geboren; als ihr Vater stirbt, ist sie zweijährig. Ihre Mutter übernimmt dann das bis dahin mehr schlecht als recht gehende Holzhandelsgeschäft ihres Mannes und verwandelt es in ein blühendes Unternehmen. (Sie fährt gelegentlich mit der Bahn an Wäldern entlang, schätzt dabei die Kaufkosten der Gehölze und schließt anschließend das Geschäft ab.) Das Lebensmotto der Mutter lautet: »Was man will, das kann man«; das hat auf die Tochter abgefärbt. Absolute Willensstärke und eine wache Intelligenz sind dieser Frau, die bei uns im Café erschien, in die Wiege gelegt. Mit dem Älterwerden streift sie den jüdischen Glauben ab wie ein Kleid. Sie bezeichnet sich als Atheistin, als sie Deutsch, Philosophie und Psychologie studiert.*

*Sie diskutierte gestern mit Paulus auf sehr hohem Niveau. Asmus und ich waren sehr gefordert, nicht abzuhängen. Während Paulus und die Frau also fachsimpelten, fragte mich Asmus: »Möchtest du ein Gedicht über die Ehe hören?« »Gerne, aber du weißt, dass ich meine Ehe anders lebte als ihr.« »Macht nichts«, sagte er und zwinkerte mir zu, »die Beziehungen zwischen Mann*

---

38 Psalm 1,3

*und Frau und umgekehrt sind immer die gleichen.« »Wie meinst du das?«, fragte ich neugierig zurück. »Gleich und gleich gesellt sich gern, und Gegensätze ziehen sich an: Aus diesem Stoff sind alle ehelichen ›Dreams‹ und Dramen.« Asmus hat es schon immer verstanden, modische Alltagssprache mit ihren fremdsprachigen Ausdrücken aufzunehmen, dachte ich. »Zum Glück«, entgegnete ich ihm, »hat unser Schöpfer, gepriesen sei er, diese Spannung zwischen Mann und Frau angelegt.« Asmus nickte, lächelte verschmitzt und erwiderte: »Ja, schon, aber Spannung erzeugt Spannung«; dann hob er mit leiser Stimme an:*

*»Es legte Adam sich im Paradiese schlafen;*
*Da ward aus ihm das Weib geschaffen.*
*Du armer Vater Adam, du!*
*Dein erster Schlaf war deine letzte Ruh.«*[39]

*Ich lachte und fragte ihn, ob das die Summe seiner Eheerfahrungen sei. Asmus lächelte verschmitzt: »Nein, wir hatten es gut, wohl wie wenige. Mein Leben mit Rebekka habe ich in einem anderen Gedicht verewigt, ich zeige es Dir dann später einmal.«*

*Wir versuchten den Ausführungen der Frau wieder zu folgen. Sie sagte sinngemäß, dass das Innerste der Seele etwas Geistiges sei, etwas, das die Grenzen der Materie übersteige. Dieses Innerste der Seele gestalte und trage das ganze Leben. Aus diesem Innersten heraus erstrahle die Seele in ihrer je eigenen Prägung. Dann sagte sie auch noch, dass die Seele in sich den Stempel des göttlichen Seins trage. Daher seien das »Zu-sich-selbst-Kommen« und »Gott-Finden« eine einzige Realität, wobei die Tatsache, dass man Gott finden könne, notwendige Voraussetzung für die Selbsterkenntnis sei. Du siehst, es war recht kompliziert. Ich habe dann einen Ausspruch wortwörtlich auf die Serviette gekritzelt (wir hatten Traubenmousse bestellt), damit ich in Ruhe einmal*

39 Matthias Claudius, a. a. O., Seite 67

*darüber nachdenken kann: »Wer Gott nicht findet, der gelangt auch nicht zu sich selbst (mag er auch noch so sehr mit sich selbst beschäftigt sein) und zum Quell des ewigen Lebens, der in seinem eigenen Innersten auf ihn wartet.«*[40]

*Mit diesem Ausspruch schloss sie ihre längere Rede. (Asmus war dabei eingenickt und Paulus hatte vergessen, an seiner Schorle zu nippen, so hing er an ihren Lippen.) Ich schreibe Dir später, welchen langen Weg diese Frau zurücklegen musste, bis sie zu dieser Erkenntnis kommen konnte.*

*Asmus hat mir sein Gedicht über mich und Goliath noch nicht gezeigt. Als ich ihn darauf ansprach, reagierte er irgendwie merkwürdig. »Warum hast du es mir nie vorgelesen?«, fragte ich ihn. »Weißt du, von der Warte aus, wo ich jetzt bin, würde ich einen anderen Ton wählen. Von hier aus sehe ich Goliath mit Augen der Liebe, eigentlich tut er mir leid.« Ich verstand, was er meinte. Wenn ich an all die Kriege zurückdenke, an das Blutvergießen, an alle Gewalt, die damals von uns ausging, ich könnte weinen. Doch wir wussten es nicht besser, wir lebten nach dem Alten Gesetz und wir ahnten erst, dass ein neues Zeitalter anbrechen würde, wo Waffen in Pflüge umgeschmiedet würden und wo nicht mehr Blut die Erde tränkt, sondern Weizenkörner in ihren Schoß gesät werden.*[41] *Wir verstehen die Höhen und Tiefen unseres Leben erst rückblickend, in der vollen Klarheit sogar erst von hier aus.*

*Aber schicke mir das Gedicht, ich werde es im Café Paradiso vorlesen.*

*Dein Seelsorger*
*David*

---

40 Edith Stein, *Im verschlossenen Garten der Seele*, Freiburg 1998, Seite 48

41 Jesaja 2,4

Lieber David,
»Die Seele trägt in sich den Stempel des göttlichen Seins«, ist es das, was wir mit »Geist« bezeichneten? Ich lege Dir das Gedicht bei. Asmus wollte wohl durch das Französische, das damals »in« war, die »Coolness« von Goliath herausstreichen. Du hattest recht, im Grunde ändern sich nur die Kulissen des Lebens; mal ist Französisch die Weltsprache, mal Englisch, und Stoffe sind Stoffe, ob Drap d'argent, ob Gore-Tex!

War einst ein Riese *Goliath*,
  Gar ein gefährlich Mann
Er hatte Tressen auf dem Hut
  Mit einem Klunker dran,
  Und einen Rock von Drap d'argent
  Und alles so nach advenant.

An seinen Schnurrbart sah man nur
  Mit Gräsen und mit Graus,
Und dabei sah' er von Natur
  Pur wie der – aus.
  Sein Sarras war, man glaubt es kaum,
  So groß schier als ein Weberbaum.

Er hatte Knochen wie ein Gaul
  Und eine freche Stirn,
Und ein entsetzlich großes Maul,
  Und nur ein kleines Hirn;
  Gab jedem einen Rippenstoß,
  Und flunkerte und prahlte groß.

So kam er alle Tage her
  Und sprach *Israel* Hohn.
»Wer ist der Mann? Wer wagt's mit mir?
  Sei Vater oder Sohn,
  Er komme her, der Lumpenhund,
  Ich bax'n nieder auf den Grund.«

Da kam in seinem Schäferrock
Ein Jüngling zart und fein;
Er hatte nichts als seinen Stock,
Als Schleuder und den Stein;
Und sprach: »Du hast viel Stolz und Wehr,
Ich komm' im Namen Gottes her.«

Und damit schleudert' er auf ihn
Und traf die Stirne gar;
Da fiel der große Esel hin,
So lang und dick er war;
Und David haut' in guter Ruh'
Ihm nun den Kopf noch ab dazu.

Trau nicht auf deinen Tressenhut,
Noch auf den Klunker dran!
Ein großes Maul es auch nicht tut:
Das lern vom langen Mann;
Und von dem kleinen lerne wohl,
Wie man mit Ehren fechten soll.[42]

Bin gespannt, wie sie im Café Paradiso über das Gedicht, das die Sternstunde Deines Lebens beschreibt, reagieren. Hier begann ja Deine königliche Laufbahn. Hier wurde ein Star geboren.

Bei uns ist Entspannung eingekehrt, so etwas wie Ruhe. Ist es Ruhe vor dem Sturm? Ist es ein trügerischer Friede? Ich merke, dass meine Frau innerlich in einem intensiven Prozess drin steht. Offenbar macht ihre Seelsorgerin ihre Arbeit gut. (Dabei sagt meine Frau, dass Gott selbst ihr viel beibringe und dass die Seelsorgerin den Prozess nur begleite.)

Sie zieht die Reise nach Prag voll durch. Abends liest sie jeweils in einem Städteführer, im Hintergrund läuft Musik von

42 Matthias Claudius, *Werke*, Erster Band, Hamburg 1819, Seite 108

Smetana dazu. Sie verschließt sich mir gegenüber weniger. Sie geht zwar ihren Weg, ist aber angenehmer als früher, weniger stachelig, selbstbewusster und doch irgendwie liebenswürdiger. Meine Angriffe stoßen meistens ins Leere, meine alten Muster »funktionieren« nicht mehr.

Nur gestern habe ich sie erwischt. Ich kam spät nach Hause. Das warm gestellte Essen war eingetrocknet. Ich fischte mir die mumifizierten Tomatenspaghetti aus dem Ofen. »Trockennahrung hätte ich auch im Büro inhalieren können«, sagte ich spitz. »Du kannst dir deinen Kommentar sparen, die Kinder fangen auch schon an, über das Essen zu motzen«, sagte sie bestimmt. »Nur nicht so zickig«, sagte ich und fügte – ehrlich nur im Spaß – noch bei: »Du möchtest doch die Frau für mich werden, wie Gott sie sich gedacht hat.« Sie verließ wortlos das Zimmer.

Mein Triumph schmeckte schal. Ich merke, wie ihre Veränderung etwas Bezwingendes auf mich ausübt, was mich rebellisch macht. Unsere beiden Zahnräder passen nicht mehr ineinander und ich bin verunsichert, irritiert. Ich fühle instinktiv, dass in naher Zukunft etwas bei mir geschehen muss, aber ich weiß nicht was. In dieser Verunsicherung raste ich fast noch mehr aus als früher, aber meine Wutanfälle zeigen keine Wirkung mehr, verpuffen im Leeren.

Asmus hat mich mit seinem Ausspruch sehr angesprochen: »Spannung erzeugt Spannung.« Meine Frau und ich sind so verschieden. Das war am Anfang völlig genial.

Ich war damals von ihrer Kreativität als Lehrerin hingerissen. Ich erinnere mich noch genau an die erste Einladung bei ihr. Ihre ganze Wohnung schien voller Gips und Draht zu sein. Sie formte Drahtgestelle zu Figuren, die sie mit Gips zu Skulpturen, lauter Gestalten aus den Märchen, bildete. Ich half ihr, den Gips anzurühren, und wenn ich nicht gewesen wäre und ihren Spannteppich mit einer Plastikfolie abgedeckt hätte, hätte sie mit ihrer häuslichen Kunstaktion einen neuen Bodenbelag kreiert. Ich war hingerissen von ihrer Unbeschwertheit, Spontaneität und Schöpferkraft. Als mir nach drei Stunden der Magen knurrte, als wäre der Wolf, den sie eben formte, zu wirklichem Leben erwacht, strich sie sich ihr Haar aus dem Gesicht (Gips blieb daran kleben; sie sah hinreißend aus) und sagte: »Ach, ich habe dich ja zum Essen eingeladen. Machen wir Spaghetti, hol mir mal aus dem Garten einige Tomaten, eine Peperoni, zwei Chilischoten, und vom Schnittsalat kannst du auch noch für uns beide eine Portion abschneiden. Ich bereite inzwischen das Dessert vor. Tomaten verstand ich, der Rest würde sich schon ergeben. Als ich mit einer Aubergine, einem abgeernteten Feld Oregano und zwei Sellerieknollen wieder in der Küche erschien, lachte meine Freundin hell auf. Ich schreibe Dir das nur, um zu zeigen, wie verschieden wir sind. Garten ist gar nicht mein Ding. Ich hatte einen Beaujolais Grand Cru mitgebracht und öffnete ihn, während sie kochte. «Wo sind die Weingläser?«, fragte ich. Sie hätte nur normale Wassergläser, sagte sie, und so tranken wir den kostbaren Tropfen aus normalen Gläsern, die Zahngläsern zum Verwechseln glichen. Sie setzte sich ans Klavier und spielte, ich schenkte mir nochmals nach, streckte mich in einem bequemen Sessel aus und wünschte mir, die Zeit möge für immer still stehen.

Mich hat ihre Unkompliziertheit anfangs fasziniert, dann merkte ich, wie sie mich zu stören begann. Sie nervte mich immer mehr, vor allem, als die Kinder kamen. Sie hatte den Haushalt schon ohne sie nie ganz im Griff gehabt, jetzt herrschte Chaos. Ich selber bin ordnungsliebend, strukturiert, zielstrebig, auch schöpferisch, auf meine Art – nur erreiche ich im Gegensatz zu meiner Frau meine Ziele auch wirklich. Je ungeordneter es zu und her ging, desto pingeliger wurde ich. Ich bin auf Sicherheit bedacht, sie auf Risiko. Ich würde am liebsten stets am selben Ort Urlaub machen, sie immer woanders, ich bin eine Rakete, sie eine Schnecke; ich liebe moderne Verbrauchslobpreismusik, sie alte Kirchenlieder, ich möchte prallen Sex, sie bevorzugt das Ganze in Form homöopathischer Zärtlichkeit, ich höre Musik, sie spielt Musik – unsere Unterschiedlichkeiten könnten beliebig fortgesetzt werden. Seit es mit unserer Abwärtsspirale angefangen hat, ärgern wir uns über diese Verschiedenheit zunehmend; sie liefert uns Material zu gegenseitigen Vorwürfen. Was anfangs so spannend war, produziert tausend Missverständnisse, erzeugt enorme Spannung, macht unser Miteinander zur Zerreißprobe.

Mich hat die Aussage der Frau in Eurer Gesprächsrunde fasziniert, dass Gotteserkenntnis und Selbsterkenntnis zusammengehören. Manchmal habe ich den Eindruck, dass ich mich selbst nicht recht kenne. Das würde ja heißen, dass ich noch gar nicht recht weiß, wer Gott eigentlich ist. Ich bin zur Zeit wie blockiert, in einer Sackgasse. Seit meine Frau unser Spiel nicht mehr mitspielt, bin ich auf mich zurückgeworfen.

Was mich zusätzlich stresst: Im Geschäft munkeln sie, unsere Firma solle durch eine andere übernommen werden. Alle sind angespannt und ich arbeite härter als je zuvor.

Sei herzlich gegrüßt
Reinhold

*Lieber Reinhold,*

*als ich das Gedicht vortrug, mussten alle schmunzeln. Vor allem die Schlussstrophe fanden sie gut. Und doch blicke ich von unserer Warte aus mit gemischten Gefühlen auf den Kampf von damals zurück. «Mit Ehren fechten«, eine solche Ehre ist immer zweifelhaft. Wir alle wissen jetzt, dass die Anwendung von Gewalt keine Lösung ist, die dem neuen Reich entspricht, weil es immer nur Sieger oder Verlierer gibt. Da gibt es immer Täter und Opfer; die Opfer von heute werden die Täter von morgen, jedes Blutvergießen gebiert neues.*

*Das ist meine Lebenserfahrung. Mein Leben war von Gewalt geprägt. Von dieser Begebenheit mit Goliath an hatte ich nie mehr Ruhe. Das Schwert wurde mein ständiger Begleiter. Zuerst war ich Verfolgter. Mein psychopathischer Vorgänger am Königshof stellte mir nach. Einmal hätte er mich beinahe aufgespießt, dann jagte er mich in die Wüste. Selbst zur Macht gekommen, wurde ich später zum Verfolger und Jäger. War endlich an den Grenzen meines Landes Frieden eingekehrt, ging der Krieg im Innern meiner Familie los. Mein Ältester schlief mit seiner Halbschwester, ich habe ihn dafür nur milde getadelt (er war eben mein Lieblingssohn). Sein Halbbruder hingegen, der leibliche Bruder der vergewaltigten Schwester, welcher er sehr nahe stand, rächte sich. Sie erzählten mir, dass er zu diesem Zweck am Fest der Schafschur ein Gelage veranstaltet habe. Gegen Mitternacht ließ er meinen Ältesten erschlagen, dann floh er für drei Jahre ins Ausland. Als meine Trauer über unseren Ältesten abgeklungen war, bekam ich Sehnsucht nach dem Zweitältesten. Ich ließ ihn wieder an den Hof zurückholen. Die Versöhnungsszene ist mir heute noch eindrücklich vor Augen. Ich küsste ihn und setzte ihn wieder am Hof ein. War es der Fehler meines Lebens?*

*Mein Sohn war von wunderbarer Gestalt, er war athletisch gebaut und hatte eine wundervolle Haarpracht. Aber er war geltungssüchtig und machthungrig. Das war seine Außenseite. Heute sehe ich noch besser, wie sensibel und verletzt er innerlich war. Er schmeichelte sich bei meinen Untertanen ein. Dann plante er minutiös den Umsturz. In einer Nacht- und Nebelaktion musste ich meinen Palast aus Angst vor meinem Sohn verlassen, der sich dann als König ausrufen ließ. Drahtzieher hinter der ganzen Aktion war ein teuflischer Ratgeber, der meinem Sohn riet, öffentlich mit meinen Frauen, die ich zur Verwaltung des Palastes zurückgelassen hatte, zu schlafen. Auf dem Dach meines Palastes schlug man zu diesem Zweck sogar ein Zelt auf. Alle konnten zuschauen.*

*Ich hatte heimlich die Ehe gebrochen, er tat es öffentlich. Aber wo liegt der Unterschied? Es ist etwas vom Härtesten, wenn wir unsere zerstörerischen Erblinien weitergehen sehen, wenn wir die*

*Sünde von uns Vätern als Sünde bei unseren Kindern beobachten. Einige Wochen später kam es dann zur offenen Schlacht zwischen mir und meinem Sohn. Als sie mir seinen Tod mitteilten, war ich fassungslos. Wieder von einem Kind Abschied nehmen. – Nicht die äußeren Kämpfe waren es, die mich verzehrten, sondern solche innere Kämpfe, die mir ans Lebendige gingen.*

*Für mich sind heute die »Friedensstifter« die wahren Helden. Die hat doch auch der Messias glücklich gepriesen. Dieser Kampf für den Frieden ist noch schwieriger als jener, den ich gegen Goliath geführt habe. Du schreibst, dass damals, im Kampf gegen Goliath, ein Star geboren worden sei, dass meine königliche Laufbahn dort angefangen habe. Weit gefehlt. Den Sternstunden unserer besonderen Berufung gehen die langen Tage voraus, wo wir im Alltag unsere eigentliche Grundberufung auszuleben versuchen. Wir müssen einmal darüber sprechen. Ich sehe auch in dieser Frage die Dinge heute viel klarer als früher.*

*Gestern waren Paulus und ich wieder an der Sandbank am großen Strom. Wir badeten im kristallklaren Wasser und streckten uns dann in der Sonne aus. Die Frau, von der ich Dir schon erzählt habe, war auch dort. Sie spielte mit einer anderen Frau zusammen im Sand, indem sie an einer großen, etwas speziellen Burg bauten. Diese bestand aus mehreren Mauern, die in konzentrischen Kreisen angeordnet waren. Sieben waren es wohl. Am meisten konzentrierten sie sich auf die Mitte der Burg. Liebevoll bauten sie daran und legten das Innerste der Burg mit lauter kleinsten Muscheln aus. Paulus schlenderte auf die beiden Frauen zu, begutachtete das Werk und fragte belustigt, ob diese Burg den äußeren und inneren Menschen darstellten. »Gar nicht so schlecht geraten«, gab ihm eine der Frauen zur Antwort. »Ich weiß, was das Innerste der Burg ist«, fuhr Paulus weiter, »Christus in uns, die Hoffnung auf Herrlichkeit«[43]. Die beiden Frauen*

43 Kolosser 1,27

*sahen sich fragend an. Was er denn damit genau meine, wollten sie wissen. »Wenn unser Innerstes mit der Gegenwart Christi ausgefüllt ist und wir damit in Kontakt sind, erfüllt uns das mit einer großen Kraft der Hoffnung«, sagte er und blickte hinaus auf den sanft dahingleitenden Strom. Die Frauen nickten und beugten sich wieder mit Eifer über ihr Werk. In diesem Moment kam mir ein Lied in den Sinn, das ich vor langer Zeit gesungen habe; ich summte es leise vor mich hin: »Wenn ich nur dich habe, frage ich nicht nach Himmel und Erde.«*[44] *Dieses Zusammensein mit Gott im Innersten unseres Wesens ist köstlicher als jedes Festessen, beglückender als unser Bad im weichen Wasser des großen Stroms.*

*Warum ich Dir das schreibe? Erstens, weil mir das mit dem Innersten der Burg einfach gefiel. Und zweitens solltest Du jetzt eigentlich in der Lage sein, die gesuchte Frauengestalt herauszufinden.*

*Ich musste schmunzeln, als Du Eure Unterschiedlichkeit schildertest. Was für ein Potential Ihr zusammen habt! Ich sprach mit Asmus darüber. Hier die Geschichte seiner Liebe:*

*Als er seine Frau zum ersten Mal sieht, ist sie gerade sechzehn Jahre alt. Er hat Theologie und Rechtswissenschaft studiert, aber beide Studien wieder abgebrochen, als er nach Wandsbek, einem Dorf in der Nähe von Hamburg, kommt. Er hat sich gegen eine Organistenstelle und auch gegen die Stelle eines Posthalters entschieden und sich mit Erfolg für eine solche als Redakteur beworben. Er will sich bei seinem Vermieter, einem Schreinermeister, den Schlüssel für seine Wohnung holen. »Mein Vater ist nicht hier«, sagt Rebekka und schaut ihn mit ihren sanften Taubenaugen aufmerksam an. »Der Schlüssel ist in einem Kasten abgeschlossen«, sagt sie. »Ich komme später wieder«, antwortet Asmus, und kann seine Augen kaum von der natürlichen jungen*

---

44 Psalm 73,25

*Frau wenden. »Wir lösen das Problem sofort, man soll nie aufschieben, was man gleich erledigen kann«, entgegnet sie ihm. Sie holt von den Werkzeugen ihres Vaters eine Axt, schlägt den hölzernen Kasten ein und händigt dem neuen Mieter den Schlüssel aus. Es ist Liebe auf den ersten Blick. Auch sie sind sehr verschieden, Rebekka hat zudem kaum eine Schulbildung absolviert.*

*Asmus schloss seine Ausführungen mit einem kleinen Gedicht, in welchem er seine Ehe beschrieb:*

> *»Ich danke Dir mein Wohl, mein Glück in diesem Leben.*
> *Ich war wohl klug, dass ich Dich fand;*
> *Doch ich fand nicht. Gott hat Dich mir gegeben;*
> *So segnet keine andre Hand«.*[45]

*Hast Du, Reinhold, Dir auch schon mal bewusst gemacht, dass Gott Dir Deine Frau als Ergänzung und zum Segen gegeben hat?*

*Sei gegrüßt*
*Dein David*

Lieber David,

vorgestern ist unsere Firma übernommen worden. Wir lasen es am Morgen in der Zeitung, gegen Abend wurden wir alle in der Kantine informiert. Ob es meine Stelle noch geben wird, weiß ich nicht. Sie sprachen von einem Stellenabbau von ungefähr 25 Prozent, niemand weiß aber genau, wo ausgedünnt wird. Unser Verwaltungsrat ist sofort aufgelöst worden, bei der Orientierung hatten schon die Verantwortlichen des neuen Unternehmens das Heft in der Hand, unser Verwaltungsratspräsident fungierte lediglich noch als Statist, er kam nicht zu Wort. Als ich mich von ihm verabschieden wollte, wusste er

45 Matthias Claudius, *Werke*, Dritter Band, Hamburg 1819, Seite 95

meinen Namen nicht mehr. Dabei hatte er mir doch kürzlich das Du angeboten.

Ich habe heute zwei Mitgliedern unseres Teams die Kündigung ausgesprochen. Ich habe die harte Variante gewählt, als ich mich gegen diese Leute, die fast wie Freunde sind, entschied. Ich habe einzig ihre Leistung, ihre Qualifikation berücksichtigt, alle anderen Kriterien habe ich ausgeschlossen. Der Stellenverlust wird für die Betroffenen und deren Familien schwerwiegende Auswirkungen haben.

Mein Kugelschreiber ist mein Schwert gewesen, als ich den blauen Brief unterschrieb, ich habe Macht ausgeübt, wie Du damals als König, meine Maßnahme ist zwar weniger blutig, aber doch einschneidend wie eine Verwundung mit einer Waffe.

Unser Meister hat doch gesagt, wir sollten überhaupt keine Macht ausüben, wir sollten auch noch die linke Wange hinhalten, wenn uns jemand auf die rechte geschlagen hat, auch unser Hemd noch dem verschenken, der uns den Mantel geklaut hat.

Ich bin unglücklich und unzufrieden, in Sachzwängen eingeklemmt. Ich habe Lust auf eine neue Berufung und habe wieder begonnen, Stelleninserate zu studieren. Du sagtest, wir sollten einmal über die Berufung sprechen. Vorerst will ich einfach raus aus allem und einfach nur abschalten.

Dein Reinhold

*Lieber Reinhold,*

*Du spürst es instinktiv richtig. Eigentlich hat es sich der Messias für sein kommendes Reich nicht so gedacht. Doch Ihr lebt in der gefallenen Schöpfung, deren Motor die Mammonskräfte sind, das Geld ist. Das erlebst Du jetzt hautnah mit allen Auswirkungen. Statt dass der Markt dem Menschen dient, dient der Mensch dem Markt. Wirtschaftskrieg ist Krieg, Übernahmekampf ist Kampf. Du erlebst etwas von der uralten Notordnung, die nach dem Urbruch des Menschen mit Gott in Kraft getreten ist. Im Schweiße deines Angesichtes erwirbst Du Dir Dein Brot, Du bewegst Dich innerhalb von Sachzwängen und musst Leute entlassen. Der Acker trägt nicht nur gute Früchte, sondern auch Dornen und Disteln. Aber inmitten dieser gefallenen Welt baut Gott seine neue auf, die anderen Spielregeln folgt.*

*Ich mache es heute kurz, muss in mein Harfenensemble, täglich entstehen bei uns wundervolle Lieder mit unaussprechlichen Worten und himmlischen Klangfarben.*

*Sei herzlich gegrüßt*
*Dein David*

Lieber David,

habe ich Dich richtig verstanden, dass nämlich in Gottes Augen jene Leute, die die Wirtschaft am Brummen halten, die das Recht setzen und die über die Polizei und die Armee dosierte und kontrollierte Gewalt ausüben, ihre Berechtigung haben, ja dass sie gesegnet sind? Sie halten eine vorläufige Ordnung aufrecht, eine Art »Notordnung«, wie Du es genannt hast, die angesichts der gefallenen Schöpfung zwar nicht den Prinzipien gehorcht, die unser Meister aufgestellt hat, aber doch um einiges besser ist als Anarchie und Chaos? Was meinst Du mit den »anderen Spielregeln«?

Sei gegrüßt
Reinhold

*Lieber Reinhold,*

*im Kleinen keimt das kommende Friedensreich des Messias, er baut sein Reich, und jeder Verzicht auf Gewalt ist ein kleiner Stein an dessen Bau. Wenn Du vergibst, statt Dich zu rächen, wenn Du mal bereit bist, den Kürzeren zu ziehen, statt Dich in jedem Fall durchzusetzen, wenn du Böses mit Gutem vergiltst, setzt Du in Deinem überschaubaren Einflussbereich die Friedensstrategien unseres Meisters um.*

*Sein Reich gehört den zum Frieden Flinken, Deine Frau hat das erfasst. Es gehört denen, die ein reines Herz haben. Das Reich gehört denen, die den Mut zum Sanften haben, die arm sind. Du bist als Abteilungsleiter Deiner Armut begegnet. Das tut weh, Du möchtest weglaufen. Aber gerade da kann Gott bei Dir eine Chance bekommen, wo Du es zulässt, aushältst und die ganze Armut ihm hinhältst. Gib sie bei ihm ab wie einen Mantel an der Garderobe.*

*Und noch etwas: Eine Erweiterung seines Friedensreiches muss immer bei uns selbst beginnen, wir können uns nicht überspringen.*

*Salve*
*David*

Lieber David,

wir können uns zwar aus dieser noch von der Sünde infizierten Welt mit ihren Gesetzmäßigkeiten nicht einfach ausklinken, aber von Christus her an einem Reich der Liebe so quasi als an einer Gegenwelt im Kleinen zu bauen beginnen – habe ich Dich so richtig verstanden?

Ich sei als Leiter meiner Armut begegnet, schreibst Du. Du hast Recht, ich entdeckte meine Hilflosigkeit, die ich bis jetzt nicht erkannt und zugelassen hatte. Ich hasse es wirklich, Dinge nicht im Griff zu haben, es macht mir Angst. Am liebsten hätte ich für alle Probleme, die ich zu lösen habe, schon eine zweite Lösung in der Schublade für den Fall, dass die erste, die ich mir ausgedacht habe, nicht funktioniert. Aber ich weiß, dass mich das verkrampft, verbraucht, verbrennt.

Ich habe es übrigens versucht, Gott meine Armut abzugeben »wie einen Mantel an der Garderobe«. War gar nicht so einfach, am Anfang dachte ich gar, die Person an der Garderobe hätte ihren freien Tag. Es war zunächst niemand da, der mir meine Schwäche abnahm. Gott schien zu schlafen oder auf Reisen zu sein.

Lass mich Dir die ganze Geschichte erzählen: Ich war noch in meinem Büro, alle anderen waren schon gegangen. Ich fuhr meinen PC herunter, schaute zu, wie alle Daten mit dem Zentralserver synchronisiert wurden und überlegte mir dabei, was wohl von all dem, was ich an diesem Tag gearbeitet hatte, wert sei, aufbewahrt zu werden. Dann sagte ich: »Gott, ich fühle mich schlecht. Du siehst, ich bin in Kontakt mit meiner Schwäche, meiner Armut.« Es tat mir an sich recht gut, diese Ohnmacht einfach einmal in mir zu spüren und sie auch auszusprechen, obschon es mich zugleich auch stresste. Und dann sagte ich: »Da, Gott, ich strecke dir jetzt diese Armut hin. Übernimm du sie, wie einem jemand an der Garderobe einen Mantel abnimmt.« Und dann schien eben die Garderobefrau gar nicht da zu sein. Ich versuchte es ein zweites Mal, nichts passierte. »Herr«, sagte ich, »ich schmeiß dir jetzt einfach den ganzen Plunder zu und geh nach Hause. Ich mag nicht mehr. Ich habe den ganzen Tag hier im Geschäft gewirkt, jetzt musst du schauen.«

Ich war darauf irgendwie erleichtert, schloss beschwingt die Türe meines Büros, grüßte die Reinigungsfrau aufmerksamer als sonst und fuhr mit dem Lift in die Tiefgarage. Ich stieg in meinen Wagen und fuhr ziemlich hochtourig aus der Einstellhalle. Eine ungeheure Wut kam in mir hoch. Bei der Ampel bemerkte ich sie zum ersten Mal. Ich ärgerte mich, dass das Lichtsignal unmittelbar vor mir auf Rot schaltete. Als Grün folgte, fuhr ich an, dass die Reifen quietschten, verwehrte einem Fußgänger den Vortritt und fuhr mit überhöhter Geschwindigkeit Richtung Autobahn. Meine Wut wurde immer größer.

Ich war wütend auf die jüngsten Vorkommnisse in der Firma, auf den Drecksjob, Leute entlassen zu müssen; meine Wut war wie ein Vulkanausbruch. Ich warf also meine Schwachheit und innere Armut dem lieben Gott in die Arme, und was entdeckte ich darunter? Einen Zorn spuckenden Vesuv!

Auf jeden und alles hätte ich ihn richten können. Auf meine Frau, die mich nicht verstand und unterstützte; auf Gott, der mich in den letzten Monaten hatte hängen lassen und der an der Garderobe meine Schwäche nicht entgegenzunehmen schien und mich nicht neu mit seiner Stärke einkleidete. Ich war auch wütend auf mich, dass ich mich nicht besser im Griff hatte.

Kurz vor der Autobahnauffahrt gibt es eine Abzweigung, die zu einem bewaldeten Hügel führt. Anstatt nach Hause zu fahren, wählte ich sie und parkte am Waldrand, immer noch kochend vor Wut. Dass eben ein Köter, Abstammung undefinierbare Straßenmischung, am Wegrand seine dampfende Scheiße parkte und der Hundehalter sie bewusst übersah, hob nicht gerade meine Stimmung. Ich stapfte ziellos in den Wald hinein.

Das Gehen tat mir gut, die Luft war rein und kühl, und so etwa nach einer Viertelstunde sprach es zu mir: »Du hast deine Schwäche zugelassen und bei Gott abgegeben. Und was ist dann passiert?«

»Nichts«, sagte ich. »Wirklich nichts?«, fragte die Stimme. »Ich bin dann von einer Wut erfasst worden, einem Ärger, so stark wie eine Ladung Dynamit.« »Und diesen Sprengsatz willst du bei dir behalten und damit andere oder dich selbst in die Luft jagen?« Das war eine gute Frage. »Wenn ich den Ärger dir jetzt auch noch abgebe, was kommt dann darunter zum Vorschein?«, fragte ich.

Ich machte auf meinem Weg kehrt, schlug ein etwas schärferes Tempo an, zog meinen Bauch leicht ein, als eine durchtrainierte Joggerin meinen Weg kreuzte. »Vertrau mir«, sagte etwas in mir, »was auch immer noch kommen mag, ich bin bei dir und tröste dich«. Mir kam es so vor, als ob Gott direkt zu mir gesprochen hätte. »Vertrau mir.« Mir kam das nicht wie ein Befehl vor, im Gegenteil, es war, als ob er mir ein Angebot machte. Als ob er mir Vertrauen in mein Inneres gelegt hätte.

Als ich meinen geparkten Wagen von ferne sah, wusste ich, dass ich eine Entscheidung zu treffen hatte. »Gott«, sagte ich laut, zu den Kronen der Weißtannen hinaufblickend, über denen sich in strahlendem Blau der Himmel wölbte, »diesen unbändigen Zorn in mir gebe ich dir. Du bist mein Schöpfer, du verstehst meinen ›Seelenvulkanismus‹ am besten, gib mir jetzt deinen Trost!« Fast hätte ich noch beigefügt: »... und zwar subito, ich brauche ihn jetzt wirklich«! Was dann passiert ist, möchtest Du vielleicht wissen. Kein göttliches Licht überflutete mich, kein süßer Friede erfüllte augenblicklich mein Herz und über den Wipfeln, auf welche die Sonne ihre letzten Strahlen warf, sang kein Engelchor sein Hosianna. Der Trost kam nicht so, wie ich mir das vorgestellt hatte.

Ich schaute auf die Uhr, sah, dass es schon spät war, ging, so schnell ich konnte, zu meinem Wagen und fuhr den Weg zurück. Entgegen meiner Gewohnheit rief ich meine Frau an und sagte ihr, dass ich in etwa fünfzehn Minuten zu Hause sein würde. «Du bist spät dran«, sagte sie und legte auf. Ich drehte das Radio an und hörte mir die Abendnachrichten an, das würde mir den Fernseher heute Abend ersparen. Als ich zu Hause ankam, blockierten zwei Sporttaschen und ein Hockeyschläger den Eingang; fast wäre ich über eine große Schachtel mit ungebranntem Tonzeug gestürzt, die meine Frau vom Unterrichten heimgenommen und natürlich im Flur hatte stehen lassen. »Kommen die Unterrichtssachen in dein Büro?«, rief ich in die Küche. »Ja, bin froh, wenn du sie hoch trägst, pass auf, dass nichts zerbricht«, rief sie mir zu und dann hörte ich noch so etwas wie »schön, dass du da bist«. Bis zum Nachtessen setzte ich mich einfach draußen auf den Sitzplatz, ohne

Zeitung, ohne die eingegangene Post zu öffnen. Ich flüsterte still vor mich hin: »Ich vertraue dir, aber ich stehe ganz am Anfang. Lege mir für den Rest des Tages dein Vertrauen in mein Herz. Ich schaffe das nicht selbst.«

Sei gegrüßt
Reinhold

*Lieber Reinhold,*

*ich traf gestern Abend Asmus im Café Paradiso. Der gefällt mir einfach, er ist so geerdet und das passt doch so gut in den Himmel. Warum? Weil hier alle natürlichen Dinge geistlich, und alle geistlichen Dinge natürlich sind. Es gibt hier enorm viel Kunst, aber gar nichts Gekünsteltes. Asmus kam ziemlich in Fahrt, als wir darüber sprachen, wie wichtig es sei, die Dinge auch gedanklich zu begreifen. Für E. ist das geistige Durchdringen aller Lebensfragen von großer Bedeutung. Paulus meinte, jeder Gedanke müsse in den »Gehorsam Christi«*[46] *gebracht werden. Als ich nachfragte, was er denn damit genau meine, sagte er: »Gehorsam hat mit dem Gehör zu tun, Gehorsam ist Hörfähigkeit.« Er fuhr fort: »Alles, was sich geistig entwickelt, was gedacht und konzeptionell entsteht, soll aus diesem Hören auf Christus heraus entstehen. Asmus gewichtet anders, ihm ist das Denken zwar nicht egal, aber als Lebenspraktiker kommt er nicht von der geistvollen Theorie her: «Es gibt Leute«, sagte er bedeutungsvoll und nahm einen Schluck naturtrüben, frisch gepressten Apfelsaft, »die meinen, dass sie die Sache hätten, wenn sie davon reden können und davon reden. Das ist aber nicht. Man hat darum die Sache nicht, dass man davon reden kann und davon redet. Worte sind nur Worte, und wo sie so gar leicht und behände dahinfah-*

46 2. Korinther 10,5

*ren, da sei auf deiner Hut, denn die Pferde, die den Wagen mit Gütern hinter sich haben, gehen langsameren Schrittes.«*[47]

*Reinhold, beim Lesen Deiner Zeilen ist mir bewusst geworden, dass Gott in Deinem Leben daran ist, Deinen Wagen mit Gütern zu laden. Du machst Fortschritte in der Selbstwahrnehmung (das mit dem Seelenvulkanismus fand ich genial) und Du bist daran, göttliche Impulse aufzunehmen (»vertraue mir«). Du lernst enorm viel. Und schnell! Es sind doch gerade diese inneren Zerreißproben und Kämpfe, die uns wachsen lassen. Hier kommen Dinge, über die wir bisher bloß geredet haben, wirklich ins eigene Leben herein.*

*Sei gegrüßt und mit neuer Kraft erfüllt*
*Dein David*

Lieber David,

der Schlaf will wieder einmal nicht kommen. Ich bin beruflich verunsichert; in der neuen Firma rumort es gewaltig, wir sind vor allem mit uns selbst beschäftigt und kommen kaum zum Arbeiten. Es gibt Tage, da sehe ich meine berufliche Position rosig und gefestigt, dann wieder wähne ich mich auf der Abschussliste. Das Gute an der ganzen Sache ist, dass meine Überidentifikation mit der Berufsarbeit einer großen Nüchternheit Platz gemacht hat.

Die Lage in unserer Beziehung hat sich entspannt, aber nicht nachhaltig verbessert. Unsere Ehe ist auf einem für mich unbefriedigenden Stand stabil. Wir hacken viel weniger aufeinander rum, wir kehren zuerst vor unserer eigenen Haustüre; aber wir sind wie zwei Teile, die unverbunden nebeneinander liegen. Wir müssten wie neu zusammengefügt werden.

47 Matthias Claudius, a. a. O., Seite 81

Ich selbst bin – und das ist wirklich eine positive Veränderung – gelassener geworden und raste zu Hause weniger aus. Ich versuche auch, den für mich manchmal mühsamen Erziehungsstil meiner Frau mitzutragen, meistens jedenfalls.

Unser Jüngster zog vorgestern, als das Müsli auf dem Tisch stand, wieder die »Kaninchenfutternummer« durch. »Müsli ist gesund«, sagte ich, nachdem mich der »Sag-du-jetzt-etwas-Blick« meiner Frau gestreift hatte, »und wir schätzen das, was auf den Tisch kommt!« Das wird auch für mich eine Hausaufgabe. Dann sagte ich noch, wir alle müssten den »DVD–Blick« trainieren. Was das sei, fragte mein Ältester in der Vorfreude auf einen Filmabend. »Dankbarkeit vor Defizitorientierung, heißt das, so führe ich im Geschäft«, sagte ich. Die Kinder verstanden nicht. Ich hob mein Wasserglas und sagte: »Dieses Glas ist halb voll und nicht halb leer; konzentriert euch immer zuerst auf das, was schon da ist, nicht auf das, was noch fehlt!

Der Blick meiner Frau ruhte nachdenklich auf mir. Früher hätte sie es laut gesagt, dass Papa wieder mal predige, was er selber nicht lebe, jetzt dachte sie es wohl nur. Dann sagte sie: »Eine Prise ›DVD‹ könnte unserem Miteinander nicht schaden«, ich war erstaunt, dass sie sich dabei mit einbezog.

Selbstverständlich gab es dann einen Filmabend: Für die Kinder eine echte DVD, zwischen uns lief ein Stummfilm.

Asmus gefällt mir wirklich auch. Ich las letzthin einen seiner Aussprüche: »Tue das Gute vor dich hin und bekümmere dich nicht, was daraus werden wird.«[48] Es ist genau die Haltung, die ich anstrebe, einfach im Hier und Heute meine Arbeit vor Gott zu tun, egal, was dabei herauskommt oder was die anderen sagen.

---

48 Matthias Claudius, a. a. O., Seite 82

Dabei helfen mir auch die äußeren beruflichen Umstände. Es ist alles so brüchig und unsicher geworden, das zwingt mich, ganz im Moment zu leben.

Gute Nacht wünsche ich Dir wie mir

Reinhold

P. S.: Was meintest Du eigentlich genau mit Grundberufung und besonderer Berufung in einem Deiner letzten Briefe?

*Lieber Reinhold,*

*»Tue das Gute vor dich hin …« Es liegt wirklich ein Geheimnis darin, das Gute, das Gott schon vorbereitet hat und das er dann auch durch unser Mitwirken ausführt, einfach so vor sich hin zu tun. Ohne dass man fragt, was zurückkommt. Je älter ich wurde, desto mehr habe ich diese schlichte Selbstverständlichkeit verlernt. Ich war im Alter sehr berechnend und weitgehend den Gefährdungen des Politikers und Führers erlegen; aber davon vielleicht später.*

*In jungen Jahren lebte ich noch ganz in der Gegenwart Gottes, in den von ihm vorbereiteten Tagen und Nächten.*

*Es fiel mir darum leicht, weil ich gar nichts anderes konnte. Ich war ein Niemand. Unterste Stufe. Ich suchte Weideplätze für meine Schafe, führte sie zu den Wasserstellen, je nach Wechsel von Hitze und Frost, Tag und Nacht, Sommer und Winter. Manchmal war der Gestank fürchterlich, Fliegen gehörten zu meinem Alltag wie Autoabgase zu Deinem.*

*Abends, wenn die Sonne glutrot unterging, spielte ich auf meiner Flöte oder ließ meine Finger über die Saiten der Harfe gleiten. Der Tag war hart und heiß. Der Abend köstlich kühl. Die Nacht bitterkalt. In der Einsamkeit der Steppe hatte ich das Zwiegespräch mit Gott, gepriesen sei er, entdeckt. Ich erzählte ihm meinen Tag: »Adonai, ein Schaf lahmt.« »Adonai, wir haben zu wenig Futter, wir müssen bald aufbrechen.« »Adonai, mein Leben ist langweilig, ich bin so allein.« »Adonai, ich bin so unge-*

*stillt.« Das Schwierige meines Lebens habe ich ihm gebracht und auch das Schöne: »Adonai, ich habe wilde Datteln gefunden, die süß wie Honig schmecken. Adonai, ich habe einen Löwen verjagt, ohne dabei Angst empfunden zu haben. Adonai, ich habe gehört, dass bald ein Prophet zu uns nach Hause kommen soll. Ich freue mich auf die Begegnung.« Damals wuchs meine Beziehung zu Gott, gepriesen sei er. Ich sang, lobte, klagte, trauerte – vor ihm.*

*Dann horchte ich in die Stille hinein. Gelegentlich war mir, als flüsterte mir Gott, gepriesen sei sein Name, liebevoll zu: »Ja, mein Sohn, brich auf in nördlicher Richtung. Trag das lahme Schaf eine gewisse Strecke lang.« Oder er sagte mir: »Ja, du bist ganz allein, mein Sohn. Doch ich bin auch da. Das soll dir genügen.« Ich trank aus der Stille vor Gott und wurde satt. Er genügte mir, ich war in meinem Mangel vergnügt.*

*Manchmal schwieg er auch. Es war nichts da als die äußere und innere Stille, die ich zuerst als schmerzlich empfand, später dann aushalten, schätzen, ja genießen lernte. Aber selbst wenn er schwieg, wusste ich, dass er da war. Es war dann wie auf einer Wanderung mit einem geliebten Menschen, auf der das Gespräch verstummt ist und man schweigend und doch innerlich verbunden ein Bergtal durchwandert.*

*Weißt Du, dieses einfache Leben an der Hand Gottes im praktischen Alltag, das ist unsere Grundberufung. Das ist der Boden, aus dem heraus alles andere, auch die speziellen Dienste und besonderen Berufungen hervorwachsen. Wenn wir da etwas überspringen wollen, ist es, wie wenn wir Fußball spielen wollten, ohne je den aufrechten Gang gelernt zu haben.*

*Sei herzlich gegrüßt*
*David*

Lieber David,

ich danke Dir für Deine Offenheit. Das klingt wie nach erster Liebe, wenn ich Dir zuhöre. Weißt Du, gelegentlich will ich mich einfach nicht durch Gott stillen lassen, ich bocke. Das hat verschiedene Gründe.

Zum einen habe ich mir Selbsthilfestrategien angewöhnt, um meine innere Leere sofort auszufüllen; ich zieh mir zum Beispiel einen Film rein und trinke dabei mein Bier. Auf eine weitere »Stillstrategie« kann ich im Moment leider nicht zurückgreifen, ich schlafe zwar nicht mehr im Gästezimmer, aber an mehr als ein freundliches »Gute Nacht« ist im Moment in der »Wüste unseres Schlafzimmers« nicht zu denken.

Zum anderen »funktioniert« die Stillung durch Gott nicht unbedingt genau so, wie ich es mir wünsche. In solchen Momenten kommt dann entweder meine »Zweifelsmechanik« ins Spiel (»Du glaubst zu wenig oder nicht richtig«, klingt es dann in mir) oder meine innere »Unzufriedenheitsmechanik« übernimmt die Führung: »Du hast zu wenig Freizeit, du verdienst zu wenig Lohn für das, was du leistest«, heißt es dann etwa. In die Unzufriedenheit des armen Opfers kommt dann eine Art Rotfärbung mit hinein, das heißt, ich beginne mich zu ärgern. Mich nerven die vielen Spammails oder ich ärgere mich darüber, dass ich noch den Wagen zur Abgaskontrolle bringen muss.

Manchmal ist es mir auch gar nicht bewusst, dass ich ungestillt bin. Ich habe dann lediglich ein unbestimmtes Gefühl in mir, dass mir etwas fehlt, eine diffuse Sehnsucht nach dem Meer ergreift mich, es zieht mich irgendwohin in die Ferne, ich würde dann am liebsten dort leben, wo ich noch nie gewesen bin.

Sei gegrüßt und schreibe wieder mal etwas über die mir immer noch unbekannte Frau. (Ist es Simone Weil?)

Reinhold

*Lieber Reinhold,*

*ich staune über Deine Selbstwahrnehmung. Hat mir gefallen, wie Du Gemütsbewegungen mit Farben vergleichst. Ich habe meine Gefühle damals in der Wüste auch kennengelernt, und zwar das ganze Farbspektrum. Je mehr ich in stillen Stunden mit Gott zusammen war, desto mehr nahm ich mich selbst wahr. Mit der Beziehung zu Gott, gepriesen sei er, wächst auch die Beziehung zu uns selbst. Die Wüste war mir eine Hilfe im Lernen, mich innerlich führen zu lassen. Ich hatte nichts und war nichts. Sie war für mich ein erzwungener Verzicht, ich hatte gar keine andere Wahl. Zuerst lehnte ich mich gegen mein karges Mangeldasein auf, bis ich es als Chance packte und meine Bedürfnisse Gott zur Stillung übergeben konnte.*

*Ich kann Deine Schwierigkeiten nachvollziehen. Dass Du Deine leeren Batterien beim Laufen oder einem guten Film füllst, ist in Ordnung, bei den »Bierchen« als Begleiterscheinung ist es immer eine Frage des Maßes. Die Qualität einer Stillung erkennst Du an ihrem Nachgeschmack. Ist die Sättigung nachhaltig, oder wird der Durst damit nur noch größer? Erwachst Du erfrischt und inspiriert oder mit Schmerzen im Kopf, gar mit Schuhen an den Füßen? (Wenn Du dann noch Deine missliche Lage als »Lederallergie« diagnostizierst, hast Du ein ernsthaftes Problem.)*

*Mir ist es einfach wichtig, dass Du Dir bewusst bist, dass Du mit diesen »Methoden« Stillung vom Leib oder von der Seele her, also von Euren menschlichen Möglichkeiten her, anstrebst. Du nährst Deine Person mit dem, was Euch Euer Schöpfer, gepriesen sei er, an guten Gaben anvertraut hat.*

*Ich habe da noch einen etwas anderen Weg entdeckt, der die »kreatürlichen Stillversuche« übersteigt. Die Stillung vom Geist her. In der Wüste habe ich entdeckt, wie die Gegenwart Gottes nährt und stillt, auch wenn Leib und Seele Mangel leiden.*

*Ich grüße Dich herzlich*
*Dein David*

Lieber David,

nur ganz kurz: Welche Lieferfristen zur Erfüllung unserer Bitten muss Gott einhalten?

Dein Reinhold

*Lieber Reinhold,*

*ich sprach gestern mit E. über ähnliche Fragen. Wir waren zu zweit im Café Paradiso und ich hatte endlich einmal Zeit, sie besser kennenzulernen. Sie fragte mich auch über meine Lieder aus. Ob ich auch gelegentlich das Gefühl gehabt hätte, Gott habe mich vergessen. »Und ob«, sagte ich, »ich habe es manchmal fast nicht ausgehalten und gefragt, wie lange er mich noch vergessen, wie lange er sich noch von mir abwenden wolle«.*[49] *Sie kannte meine Lieder und sagte, ich hätte auch gefragt, wie lange noch Sorge und Angst mein Inneres ausfüllen würden.*[50] *Du siehst, Reinhold, Dein Ringen ist mir bekannt. Gott handelt manchmal so ganz anders, als wir es erwarten, zum Glück!*

*E. sagte, dass uns Gott manchmal durch Dunkelheiten hindurchführe, und zwar mit Absicht: »Darum müssen wir alle Geschöpfe hinter uns lassen und alle unsere Kräfte, mit denen wir die Geschöpfe fassen und begreifen, um uns im Glauben zu Gott dem Unfasslichen und Unbegreiflichen, zu erheben. Dazu sind weder die Sinne fähig noch der Verstand, wenn wir darunter die Fähigkeiten zu begrifflichem Denken verstehen. In der gläubigen Hingabe an den unbegreiflichen Gott sind wir reiner Geist, gelöst auch von allen Bildern und Begriffen – eben darum im Dunkeln, weil die Welt unserer Tagesansicht sich aus Bildern und Begriffen aufbaut, gelöst auch aus dem Mechanismus einer Mannigfaltigkeit verschiedener Kräfte, geeint und einfach in einem Leben, das*

49 Psalm 13,2

50 Psalm 13,3

*Erkennen, Eingedenksein und Lieben in einem ist.«*[51] *E. bestellte sich ein Glas Grüntee mit Limone. Ich stellte ihr folgende Frage: »Willst du damit sagen, dass wir alles Sichtbar-Weltliche einmal loslassen sollen, auch unser ›Betriebssystem‹ Denken, Wollen und Empfinden, mit dem wir die sichtbare Welt erfassen und bearbeiten; dass wir einfach einmal die Augen schließen und uns Gott hingeben sollen?« E. lächelte und ich merkte, wie jeder meiner Ausdrücke für sie ein Sprungbrett zu weiteren Ausführungen hätte sein können. Dann sagte sie, dass es im Grunde genommen doch nur um Folgendes gehe: »Gott hat die Menschenseelen für sich erschaffen. Er will sie mit sich selbst vereinigen und ihnen die unermessliche Fülle und unfassbare Seligkeit Seines eigenen, göttlichen Lebens schenken: schon in diesem Leben. Das ist das Ziel, worauf Er sie hinlenkt und dem sie selbst mit all ihren Kräften zustreben sollen.«*[52] *Aber der Weg dazu sei eng und steil, sagte sie.*

*Wir sprachen dann über solche Zeiten, wo wir innerlich wie ausgetrocknet sind, wo unser Gebet bloß bis zur Zimmerdecke zu reichen scheint, wo alles brachliegt im Winterfrost. Solche Zeiten seien nicht einfach auszuhalten, sagte sie und schlürfte an ihrem Tee. Trockenheit und Dunkelheit müssten wir als glückliche Anzeichen ansehen, sagte sie, als Indikatoren für Gottes Wirken an uns. »Ich habe in solchen Zeiten immer gelitten und mich gefragt, wo Gott sei«, entgegnete ich ihr. Sie meinte, solche Trockenzeiten, die für uns mühsam seien, könnten glückliche Anzeichen dafür sein, dass Gott daran sei, die Seele von sich selbst zu befreien: »Er windet ihr ihre Seelenkräfte aus den Händen. Wohl hätte sie viel damit erwerben können, aber niemals so vollendet, vollkommen und sicher damit wirken können wie nun, wo Gott sie an der Hand nimmt. Er führt sie wie einen Blinden auf*

51 Edith Stein, a. a. O., Seite 65

52 a. a. O., Seite 73

*dunklen Wegen, ohne dass sie weiß, wo und wohin – doch auf Wegen, die sie selbst beim glücklichsten Wandeln durch den Gebrauch ihrer eigenen Augen und Füße nie gefunden hätte.«*[53] *»Du meinst«, entgegnete ich, »dass Gott manchmal die Seele wie ›aushungert‹?« (Ich dachte daran, wie ich einst eine befestigte Stadt der Philister dadurch in die Knie zwang, dass ich sie von jeglicher Zufuhr an Wasser und Lebensmitteln abschnitt.) »Wir müssen, oder dürfen, dann von dem zu leben beginnen, was sein Geist an Gedanken und Gefühlen uns austeilt.« E. schmunzelte beim Ausdruck »aushungern« und meinte, an ihrem Glas nippend, dies sei männliche Kriegssprache, Gott sei Dank sei hier aller Kampf, auch der zwischen den Geschlechtern, ein für alle Mal überwunden.*

*Warum ich Dir vom Gespräch mit E. erzähle? Ich möchte Dir Mut machen, Deine »Stillstrategien« zu überdenken und zu erweitern. Entwickle ein Gespür dafür, wann was dran ist. Joggen, ein guter Film, Musik, ein gutes Buch oder einfach das Stillsein vor Deinem Gott.*

*Sei herzlich gegrüßt*
*Dein David*

*P. S.: Wir müssen mal über Dein Verständnis von Sexualität sprechen – Entspannung und Stressabbau sind bloß Nebenprodukte.*

Lieber David,

mich hat das mit der blinden Seele angesprochen, die ihren Weg besser findet, indem sie geführt wird, als wenn sie sehend den Weg selbst unter die Füße genommen hätte. In unserer gescheiterten Ehebeziehung bin ich wirklich wie ein Blinder,

53 a. a. O., Seite 74

der sich von Gott her führen lassen muss, damit es eventuell doch noch gut ausgeht.

Das andere, was Du mir geschrieben hast, war ein bisschen kompliziert. Ich habe für mich einfach den Schluss gezogen, dass meine momentane Seelenlage kein verlässlicher Gradmesser für Gottes Wirken an mir ist. Es könnte sogar sein, dass ich gefühlsmäßig schlecht drauf bin, innerlich dürr und trocken, sozusagen auf »emotionalem Entzug«, und dass er doch dran ist, für mich im Innersten zu sorgen. Mir ging auch auf, dass mich das herausfordert, innere Spannungen noch besser vor und mit ihm aushalten zu lernen.

Stell Dir vor, in meiner Kirchengemeinde haben sie mich angefragt, ob ich nicht ins Gottesdienstteam kommen wolle. »Ihr braucht jemanden, der endlich die Präsentationstechnik von Pannen und Pleiten befreit«, sagte ich ihnen. »Nein«, gab mir der Pastor zur Antwort, dafür sei schon jemand anders angefragt worden. Sie hätten gedacht, ich könnte dann und wann die Einleitung zum Gottesdienst übernehmen. »Du hast enorm an Tiefgang gewonnen«, fügte er noch bei. Wie er das meine, fragte ich misstrauisch zurück. »Das ist noch schwierig zu sagen«, antwortete er, »du bist irgendwie weicher und nahbarer geworden. Du scheinst die Dinge weniger im Griff zu haben und dabei vermehrt zu entdecken, dass dich ein Größerer in den Händen hält.« Mich hatte diese Aussage irritiert, hatte gar die Seelsorgerin dem Pastor von unseren Schwierigkeiten in der Ehe erzählt? – Aber heimlich freute ich mich doch, dass unsere Tiefs zunehmend Tiefgang zur Folge haben.

Sei gegrüßt
Dein Reinhold

P. S.: Was ist denn das »Hauptprodukt« der schönsten Nebensache der Welt?

*Lieber Reinhold,*

*die Stillung funktioniere nicht unbedingt genau so, wie Du es Dir wünschest, schriebst Du in einem Deiner letzten Briefe. Muss Gottes Trost »subito« einfahren, wie die ersten Züge aus der Zigarette? Haben wir ein Anrecht auf »garantierte Lieferfristen«? In der Wüste habe ich gelernt, dass mein Glaube Beziehung mit Gott ist, dass es immer mehr um ihn selbst geht, und nicht um seine Wirkungen, Gaben oder Segnungen. Lass es mich mit Fremdwörtern sagen: In der Frage nach Gott geht es um Relation, und nicht um Funktion. Leben mit Gott ist Beziehungsaustausch, kein oberflächliches Tauschgeschäft, wo ich für meinen »religiösen Input« in nützlicher Frist einen »göttlichen Output« in Form von Stillung und Trost erhalte. Gott funktioniert nicht nach dem Muster Zigarettenautomat, der – mit dem nötigen Geld gefüttert – die gewünschten Päckchen ausspuckt. Beten ist Beziehung, nicht Basar!*

*Seid Ihr nicht daran, genau dieses Geheimnis in Eurer Ehebeziehung zu entdecken? Ihr streift Eure »funktionale« Ehe (wo Ihr beide gegenseitig aufgerechnet und dann abgerechnet habt) wie ein viel zu eng gewordenes Kleid ab und Ihr merkt, wie gerade dadurch Luft, Leben und Liebe entsteht. Eine lebendige Beziehung eben und keine tote Buchhaltung.*

*Selbstverständlich griff ich damals wie Du auch auf »weltliche« Entspannungs- und Tröstungsmittel zurück. Mir stand alles jederzeit zur Verfügung, ich zog mir, ich sage es in Deiner Sprache, von den feinsten bis zu den gröberen Vergnügungen alles rein. Ich merkte aber, dass alle Freuden an geschaffenen Dingen nicht an jene Stelle in mir gelangen konnten, wo ich eigentlich bedürftig und ungestillt war. Mein innerer Durst ließ sich nicht mit kreatürlichen Dingen, so lieb die mir sind, löschen. Das kann nur der Heilige Geist, der bis in die tiefsten Tiefen unseres Wesens durchdringen kann.*

*Gestern Abend schloss Edith Stein – ich will Dich nicht länger auf die Folter spannen – unser Stammtischgespräch mit einem*

*Gebet ab (das halten wir immer so). Ich gebe es Dir weiter, weil es mich sehr berührt hat:*

*»Wer bist du, süßes Licht, das mich erfüllt*
*Und meines Herzens Dunkelheit erleuchtet?*
*Du leitest mich gleich einer Mutter Hand,*
*Und ließest du mich los,*
*So wüsste keinen Schritt ich mehr zu gehen.*

*Du bist der Raum,*
*Der rund mein Sein umschließt und in sich birgt.*
*Aus dir entlassen entsänk' es in den Abgrund*
*Des Nichts, aus dem du es zum Licht erhobst.*

*Du, näher mir als ich mir selbst*
*Und innerlicher als mein Innerstes*
*Und doch untastbar und unfassbar*
*Und jeden Namen sprengend:*
*Heiliger Geist – ewige Liebe!*

*Bist du das süßte Manna nicht,*
*Das aus des Sohnes Herzen*
*In mein Herz überströmt,*
*Der Engel und der Sel'gen Speise?*
*Er, der vom Tod zum Leben sich erhob,*
*Er hat auch mich zu neuem Leben auferweckt*
*Vom Schlaf des Todes.*

*Und neues Leben gibt er mir von Tag zu Tag,*
*Und einst soll eine Fülle mich durchfluten,*
*Leben von deinem Leben – ja du selbst:*
*Heiliger Geist – ewiges Leben!*

*Bist du der Strahl,*
*Der von des ew'gen Richters Thron herniederzuckt*
*Und einbricht in die Nacht der Seele,*
*Die nie sich selbst erkannt?*
*Barmherzig – unerbittlich*
*Dringt er in verborg'ne Falten.*
*Erschreckt vom Anblick ihrer selbst*
*Gewährt sie Raum heiliger Furcht,*
*Dem Anfang jener Weisheit,*
*Die aus der Höhe kommt*

*Und in der Höhe uns fest verankert*
*Deinem Wirken,*
*Das neu uns schafft:*
*Heiliger Geist – alldurchdringender Strahl!«*[54]

*Als Edith das Gebet zu Ende gesprochen hatte, verharrten wir einige Momente regungslos und eine große Stille umfing uns. »Dass wir jetzt gar nicht anders können, als in dieser Gegenwart des Geistes zu leben und zu weben, erfüllt mich mit heiliger Dankbarkeit«, sagte dann Paulus und stand auf. »Das ist es, was uns wirklich glücklich macht«, fuhr Asmus fort, »seine Gegenwart und eine Runde von guten Freunden und, entschuldige, Edith, selbstverständlich auch von guten Freundinnen.«*

*Sei herzlich gegrüßt*
*Dein David*

*P. S.: Das eigentliche Ziel sexueller Intimität ist liebevolle Begegnung, zärtliche Kommunikation durch und mit dem Leib, eine Erotik, die den Schöpfer, gepriesen sei er, ehrt. – Ich sehe das allerdings erst heute von meiner Warte aus.*

54 Amata Neyer, Hanna-Barbara Gerl-Falkowitz, *Edith Stein*, Freiburg 1994, Seite 114

Lieber David,

vielen Dank für das Gebet. Das Bild der »verborgnen Falten der Seele« gefällt mir, ich stelle mir die Seele als Gewand mit hunderttausend Falten vor, die zum Teil so fein und klein sind, dass nur noch der Heilige Geist durchkommt. Mir scheint, dass im Gebet Edith Steins das »Gestilltwerden durch den Geist« aufgenommen ist. Es ist ja von Speise die Rede, Manna ist doch eine Art Himmelsnahrung. Als ich es las, kam mir ein Ausspruch unseres Meisters in den Sinn, dass der Mensch nicht vom Brot allein lebe, »sondern von jedem Wort, das aus dem Munde Gottes hervorgeht«.[55] Wird nicht damit die Notwendigkeit von geistlicher Stillung neben kreatürlicher zum Ausdruck gebracht?

Ich habe eben mein Handy aufgeladen, der Akku war völlig leer. Als ich das Handy ans Stromnetz anschloss, zeigte das Display graphisch an, wie das Handy aufgeladen wird, still, stetig, wie tropfenweise. Wirkt so der Heilige Geist als alldurchdringender Strahl, der in die verborgenen Falten unseres Inneren dringt? Ich möchte noch besser lernen, mich diesem Wirken, »das neu uns schafft«, auszusetzen.

Habe ein bisschen über Edith Stein nachgeschlagen. Geboren ist sie 1891 in Breslau. Nach ersten Studienjahren in der Heimatstadt geht sie nach Göttingen, weil sie bei einem Professor studieren will, dessen Philosophie sie völlig fasziniert. Dieser Gelehrte, Edmund Husserl, hat eine unvoreingenommene, offene Art. Man solle einfach alle Dinge, ohne sofort zu urteilen, vorurteilsfrei ins Auge fassen und als Phänomene betrachten, betont er. Man sagt, dass diese Philosophie Edith Stein ein wenig aus dem engen, streng naturwissenschaftlichen und atheistischen Denkkorsett befreit hat. Edith Stein lernt an der Fakultät auch Christen kennen. Im Krieg arbeitet sie als Rot-

55 Matthäus 4,4

kreuzhelferin in einem Seuchenlazarett in Mährisch-Weißkirchen. Einer ihrer Fakultätskollegen fällt im Krieg. Als sie dessen Ehefrau trösten will, ist sie tief beeindruckt davon, wie diese junge Witwe in aller Trauer gehalten und von Gott getröstet wird. »Es war dies meine erste Begegnung mit dem Kreuz und der göttlichen Kraft, die es seinen Trägern vermittelt«[56], schreibt sie später. Edith Stein promoviert und strebt eine akademische Laufbahn an. Zugleich wird sie immer suchender. »Meine Sehnsucht nach Wahrheit war ein einziges Gebet.«[57] Sie gerät immer mehr in eine persönliche Krise, unter anderem auch, weil die Universität Göttingen ihre Habilitation zur Professorin ablehnt, wohl weil sie eine Frau ist. Während eines Ferienaufenthaltes bei Freunden in Bergzabern kommt ihr die Autobiografie der Theresa von Avila in die Hände: »Ich begann zu lesen, war sofort gefangen und hörte nicht mehr auf bis zum Ende. Als ich das Buch schloss, sage ich mir: ›Das ist die Wahrheit!‹«[58] Sie lässt sich taufen, wirkt als Lehrerin, Amateur-Sozialarbeiterin, Philosophin und ist eine der Wortführerinnen der Frauenemanzipation. Dann tritt sie in Köln ins Kloster der Karmeliterinnen ein – mit sechs riesigen Bücherkisten zieht die passionierte Wissenschaftlerin in den Konvent ein. Schwester Teresa Benedikta vom Kreuz, wie sie von nun an heißt, betet, schreibt, arbeitet in der Küche, während außerhalb der Klostermauern der Nationalsozialismus die Macht übernimmt.

Es ist spät geworden. Ich nehme mir in letzter Zeit vor dem Einschlafen immer fünf Minuten Zeit, den Tag durchzugehen und ihn bei Gott abzugeben. Anschließend bin ich dann einfach eine Zeitlang still. Ich lade so meinen »Akku« auf und bin dabei nicht mehr so darauf fixiert, dass emotional gerade das

56 Christian Feldmann, *Edith Stein*, Freiburg 1998, Seite 39

57 a. a. O., 39

58 a. a. O., 48

zurückkommt, was ich nötig habe. Ich möchte einfach mit Gott zusammen sein. Ich habe weiter angefangen, so wie Du auch hinzuhören, was Gott mir in dieser Stille zuflüstert. Nur weiß ich dann nicht so genau, kommt das jetzt von Gott oder aus meinem Bauch. Nun, ich stehe ja erst am Anfang. Vielleicht hapert es auch nur mit der Scharfeinstellung meines inneren Gehörs. Meine Frau ist angefragt worden, im nächsten Schuljahr sechs weitere Stunden zu übernehmen. Stell Dir vor: Sie hat mich gefragt, wie ich darüber denke, sie würde das gerne mit mir zusammen entscheiden!

Sei in Dankbarkeit gegrüßt
Dein Reinhold

*Lieber Reinhold,*

*ich freue mich über Dein Entdecken der nächtlichen Stillzeiten. Danke auch für die Daten, die Du über das Leben von Edith zusammengetragen hast. Du kannst Dir aber die Mühe sparen, Edith kommt nämlich fast jede Woche einmal ins Café Paradiso. Gestern hat sie uns erzählt, dass sie zwei Habilitationsschriften verfasst hatte. Beide wurden abgelehnt, das erste Mal, weil sie eine Frau war (Du hattest Recht), das zweite Mal, weil sie Jüdin war. (Die Nazis hatten schon mit ihren »Säuberungsmaßnahmen« begonnen.) Die Umstellung ins Kloster sei für sie einfach gewesen: ein zwölf Quadratmeter großes Zimmerchen mit Tischchen, Sitzbank, Strohsack, Nähkasten, Wasserkrug, Holzkreuz. Ein eintöniger, täglich wiederkehrender Wechsel zwischen Chorgebet und Handarbeit. Sie sei bewusst in diese schlichte Existenz hineingeschlüpft. Wie sie uns von dieser spartanischen Umgebung erzählt hat, bin ich an meine Wüstenzeit erinnert worden, die Zeit meiner ersten Liebe zu Gott. Edith hat geschildert, wie sie gerade in dieser äußeren Kargheit nie ungestillt gewesen sei. Gerade in diesen dunklen Zeiten hätte sie die Erfahrung der Nähe Gottes besonders gemacht, sie hätte nicht über ihn nachgedacht, sondern ihn erlebt: »Es ist kein bloßes Annehmen der gehörten*

*Glaubensbotschaft, kein bloßes Sich-Zuwenden zu Gott, den man nur vom Hörensagen kennt, sondern ein inneres Berührtwerden und ein Erfahren Gottes, das die Kraft hat, von allen geschaffenen Dingen loszulösen und emporzuheben und zugleich in eine Liebe zu versenken, die ihren Gegenstand nicht kennt.«*[59]

*Es ist erstaunlich, wie der Glaube uns von allen geschaffenen Dingen loslöst, uns einen guten Abstand von allen Dingen gibt, damit wir sie dann wieder wie neu von Gott geschenkt bekommen.*

*Deine Frau scheint Dich nicht mehr vor vollendete Tatsachen zu stellen, wie bei der Reise nach Prag. Übrigens, wann ist diese? Sind Zelt und Grill bereit?*

*Sei herzlich gegrüßt*
*Dein David*

Lieber David,

wir fahren in zwei Wochen. Alle freuen sich riesig darauf: Meine Frau freut sich auf die Kulturstadt; sie hat für die fünf Tage drei Konzerte gebucht und drückt sich auch mir gegenüber kulturell gehoben aus (»Reinhold, Rachmaninow im Rudolfianum ist das Nonplusultra«). Die Kinder freuen sich auf das Meer. Ich freue mich auf zwei Wochen Distanz vom Tollhaus unseres Geschäftes, der Rest ängstigt mich ein wenig, vor allem die Aussicht, für eine Woche unsere Kinder verpflegen zu müssen. Ich habe meiner Frau versprochen, selber zu kochen, und zwar gesund. Meine Frau hat mir einen Menüplan übergeben und dafür schon alles eingekauft. (Erst tut sie so emanzipiert und dann hat sie doch ein schlechtes Gewissen, uns allein ziehen zu lassen.) Mal sehen; was ich jetzt schon weiß: Am

59 a. a. O., Seite 100

Mittwoch, an dem Linseneintopf auf dem Speisezettel steht, werden wir wegen »Hitzeallergie« in eine Pizzeria mit Air Condition gehen müssen.

Den zweiten Teil Deines Briefes habe ich nicht restlos verstanden. Dass man sich im Gebet von all den Dingen des Tages, die einen freuten oder kränkten, distanziert, verstehe ich. Ich bin dann nicht mehr mit dem Alltagsgeschäft verhängt und identifiziere mich wieder mit der Liebe Gottes. Dann wird auch vieles nebensächlich, was vor kurzem noch so wichtig war. Aber was meinst Du damit, wir sollten Abstand von den geschaffenen Dingen gewinnen, »damit wir sie wieder neu geschenkt bekommen«? Das verstehe ich nicht.

Sei gegrüßt
Reinhold

*Lieber Reinhold,*

*ich versuche es Dir mit einem meiner Liedverse zu erklären: »Bei dir ist die Quelle des Lebens, und in deinem Licht sehen wir das Licht«.*[60] *Glauben heißt, an der Quelle Gottes leben.*

*Ich weiß noch gut, wie ich in manchen Nächten auf der Zinne meines Palastes in der Abendkühle spazieren gegangen bin. Wie viele Liedstrophen haben sich auf diesen Gängen in meinem Inneren geformt. Sie trugen mein Leid, meine Ängste, aber auch meine unbändige Freude ans Herz Gottes. Oft hielt ich inne, blieb stehen, horchte in die Nacht und in mein Herz hinein und machte dann die Erfahrung, dass etwas von Gott in meinem Innern »landete«: Manchmal war es ein glasklarer, guter Gedanke von einer Qualität, die nicht meinen »Hirnwindungen« – so würdest Du es wohl ausdrücken – entstammen konnte; manchmal war es auch*

60 Psalm 36,10

*nur ein Wort wie »Der Tisch ist dir gedeckt«, oder es war ein Gefühl des inneren Friedens oder der sichtlichen Entlastung.*

*Du hast gefragt, wie das zu verstehen sei, dass wir von Dingen Abstand nehmen sollten, damit wir sie wieder neu geschenkt bekommen könnten. Wir können uns von Gott her in einer neuen Freiheit allem Geschaffenen wieder zuwenden, aber in einer freien Art, als Gestillte und nicht als Sehnsüchtige, Unersättliche, Unzufriedene. Ungestillte müssen sich alles einverleiben, sie leben nach dem Motto: »Was ich nicht hab, zieh ich mir rein.« Sie verschlingen Speisen, Bilder, Gifte, Menschen. Weil sie verschlingen, ohne dabei wirklich satt zu werden, müssen sie ständig die Dosis erhöhen. Als Gesättigte hingegen fragen wir nicht mehr, was wir bekommen, sondern was wir schenken können. Ausbeuterbeziehungen werden Anbieterbeziehungen, aus Konsumenten und Kannibalen werden Liebende. Sie wissen sich der Treue verpflichtet oder, in Eurer Sprache, der Nachhaltigkeit.*

*Sei herzlich gegrüßt*
*David*

Lieber David,

Du hast schon Recht, dass sich der Ungestillte von seiner Umgebung nährt. Er mag die geliebte Person »zum Fressen gern« haben, dabei sucht er aber sich und nicht das Wohl des anderen. Ich liebe dich, heißt hier eigentlich: ich (ge)brauche dich. –

Wie war das denn bei Dir mit Deinem Freund Jonathan? Ihr wart ein Herz und eine Seele. Wart Ihr ein symbiotisches Jünglingspaar, das sich gegenseitig seelische Nahrung gab? Böse Zungen sagen gar, ihr hättet ein körperliches Verhältnis gehabt. (»Sie küssten sich und weinten.«[61]) Und hast Du bei seinem Begräbnis nicht in aller Öffentlichkeit gesagt, dass Dir

61 1. Samuel 20,41

Jonathans Liebe wichtiger war als »Frauenliebe«[62]? Auf Deine Antwort bin ich gespannt.

Ich genieße die Zeit in Italien. Die Kinder gingen heute früh zu Bett, sie waren nach der gestrigen Nacht, die wir am Strand verbrachten, todmüde. Ich braute mir Tee und entzündete meine Pfeife. Dann dachte ich an meine Frau. Ich vermisse sie, ihre schlanke, zerbrechliche Gestalt, den Klang ihrer Stimme, ihre frei schwebende Aufmerksamkeit, die intuitiv alles erfasst, ihre knackigen Salate mit Olivenöl, Balsamico und Oregano. Sie fehlt mir, sehr sogar, aber nicht in dem Sinne, dass ich sie brauchte, sondern so, dass ich sie beschenken und beschützen möchte. Es ist nichts »Kannibalisches« dabei, wie Du pointiert schreibst (man sieht von Eurer Warte aus wohl sehr klar und spitzt auch sprachlich zu), sondern ich spüre innerlich, dass ich von meinem Herzen her Liebe geben will und auch geben kann.

Ich habe mich in letzter Zeit, gerade auch in diesen Ferien, weiter darin geübt, Unlustgefühle und negative Gedanken bei Gott abzugeben. Ich nenne es für mich das »Garderobespiel«, es klingt vielleicht abschätzig, aber ich nehme es wirklich ernst. Ich entdecke dabei eine immer größere Freiheit von meinen momentanen Launen, vor allem, seit mir in einer stillen Zeit vor Gott war, als sage er zu mir: »Wähl meine Gefühle!« Es klang gar nicht wie ein Befehl, eher wie eine Einladung, an seinem Wesen zu partizipieren. Es war etwas Entlastendes dabei, wie wenn er mir etwas geben wollte, was ich in mir noch nicht hatte. Wäre ja schön, wenn seine Liebe, seine Geduld und seine Barmherzigkeit immer mehr auf mich überfließen würden.

Träume süß – sogni d'oro! Buona notte
Reinhold

---

62 2. Samuel 1,26

P. S.: Eigentlich weiß ich von Asmus herzlich wenig. Ich kenne nur sein Abendlied und das Gedicht, das ich Dir geschickt habe. Wer ist dieser Asmus eigentlich?

*Lieber Reinhold,*

*das tun wir hier immer, süß träumen! Wir haben hier Goldträume statt Albträume – Dein Wunsch ist hier Wirklichkeit.*

*Ich freue mich über Deine Zeilen aus Italien. Ihr scheint glücklich zu sein. Dass Du meine Freundschaft zu Jonathan als seelische Verstrickung missverstehst, schmerzt mich. Warum? Weil es gerade das nicht war! Es war gerade nicht Sympathie, gerade nicht Eros auf einer menschlichen Ebene, was uns zusammenband. Ich weiß, was erotische Anziehungskraft ist: ein wundervoller, ekstatisch-flüchtiger Höhenflug mit großer Absturzgefahr. Gerade diese Kräfte waren in unserer Beziehung nicht im Spiel, wir waren beide innerlich so frei. In unserer Beziehung führten nicht menschliche Beziehungsmuster Regie, sondern Gott, gepriesen sei er.*

*Ich weiß noch, als Jonathan mich einmal unerwartet aufsuchte. Ich war in der Wüste Siph, sein Vater war mir dicht auf den Fersen. Ich wechselte fast täglich mein Nachtquartier, war gejagt, gehetzt und halb verhungert. Er kam unangemeldet in der Abenddämmerung; wie er meinen Standort hatte ausfindig machen können, weiß ich bis heute nicht. Er schlich zu meinem Versteck wie ein Verbrecher und dann hielten wir uns lange in den Armen, so groß war die Freude des Wiedersehens. Wir hatten uns unendlich viel zu erzählen; was war nicht alles vorgefallen seit unserem denkwürdigen Abschied! Plötzlich sagte er: »David, vor meinem Vater brauchst du keine Angst zu haben, du wirst König von Israel werden und ich werde ›nach dir‹[63] die Nummer*

63 2. Samuel 23,17

*zwei sein, mein Vater weiß das übrigens auch haargenau.« Mir schien damals, als ob wir gemeinsam vor Gott ständen. Mich hat das so ermutigt, dass er mich daran erinnerte, welchen Plan Gott mit mir hatte. Das war gerade nicht seelischer Trost durch die Einfühlsamkeit eines Freundes, sondern göttlicher Trost durch einen Menschen, der sich Gott ganz zur Verfügung gestellt hatte. Unsere gemeinsame Freundschaft basierte auf je unserer Beziehung zu unserem Gott, gepriesen sei er. Er, der Dritte im Bunde, schuf unsere Freundschaftsbande!*

*Wir waren so verschieden, als kämen wir von zwei verschiedenen Planeten. Er konnte lesen, ich furchtlos kämpfen. Er war gedankenvoll, ich tatenreich. Wenn er sprach, hätte ich ihm stundenlang zuhören können, es sprudelte förmlich aus ihm hervor; bei mir war jeder Satz eine Zangengeburt. Ich hatte Panikattacken auf dem höfischen Tanzparkett, er auf dem Schlachtfeld. Wie er mir einmal gestand, steckte hinter seinen tollkühnen Heldentaten tiefe Angst. Er aß mit der Gabel, ich mit der Hand. Er war Weinkenner, ich Weintrinker.*

*Ich vergesse nie unser erstes Zusammentreffen: Ich trug meine Hirtenjacke und einen schäbigen Schafspelz über die Schultern, meine Beine waren nackt und ich ging barfuß. Er kam im wallenden Mantel auf mich zu. Die Silberschnalle seines bestickten Gürtels blendete mich. Auf seinem Brustpanzer prangte ein Löwe, der mit Gold ausgelegt war. Und was tat er in dieser Begegnung? Er gab mir seinen schön geschwungenen Bogen, zwar etwas schlaff gespannt, aber ein wundervolles Meisterstück. Dann zog er seine Rüstung aus und legte sie mir um. Sie passte wie angegossen. Über die Rüstung legte er seinen golddurchwirkten Wollmantel, den er mit dem Gürtel zusammenband. Ganz am Schluss band er mir sein Schwert als Zeichen unserer Freundschaft um.*

*Als ich viele Jahre später an seinem Grabe stand, sah ich durch einen Tränenschleier hindurch auf meine vielen Frauen, die mittrauerten. Ich mochte sie alle, mit jeder hatte ich eine einmalige Geschichte. Ich weiß, dass Du das schwer nachvollziehen kannst:*

*Mit keiner von ihnen hatte ich Freundschaft und Liebe so selbstlos erlebt, so rein, so voller Freiheit ohne jegliche Besitzansprüche. Das hatte wohl damit zu tun, dass wir beide noch in unserer ersten Liebe zu Gott lebten. Er war die Hauptsache, und unsere Freundschaft war darum so köstlich, weil sie sich wie nebenbei ergab. Es war eine Beziehung im Geist; was damit gemeint ist, kannst Du erst verstehen, wenn Du es erlebt hast.*

*Über Asmus muss ich Dir später berichten. Ich gehe jetzt in die goldene Stadt, es gibt da ein Treffen aller Chöre, neben deren Klängen das, was ich je an Schönem auf Erden gehört habe, zur Kakophonie verkommt. Selbst ich, der Bauernsohn, werde an diesem Ort kulturell gehoben – wie Deine Frau vor der Pragreise (»Holdrein, hier hallen himmlische Hymnen!«).*

*Sei herzlich gegrüßt*
*Dein David*

Lieber David,

ich habe über den nächtlichen Besuch Jonathans nachgelesen, wie es schriftlich überliefert wurde. »Da machte sich Jonathan auf und ging zu David nach Hores, stärkte ihn, indem er ihn auf Gott wies.«[64] Offenbar konnte Dich Jonathan trösten, indem er Dir den Trost Gottes erschloss. Gott war eine Art Bindeglied zwischen Euch, ein Wächter über Eurer Freundschaft. So seid Ihr ja damals, als Jonathans Vater Dich zu verfolgen begann, auseinander gegangen: »Der Herr sei zwischen mir und dir.«[65]

Mir kam der Gedanke, dass es eigentlich in jeder Beziehung mehr schöpferischen Spielraum gibt, wenn man Gott mit einbezieht. Wenn jede und jeder aus ihm lebt, dann muss man auf

64 1. Samuel 23,16

65 1. Samuel 20,42

der menschlichen Ebene für die Stillung der eigenen Bedürfnisse weniger einfordern und man kann sich auch besser frei geben. Die Frage ist sogar durchaus berechtigt, ob das »Aussaugen« von Menschen in Beziehungen nicht als Gottesersatz dient. Wem Gott abhanden gekommen ist, der muss sich bei Menschen holen, was einem eigentlich nur von Gott geschenkt werden kann.

Gestern sind wir müde aus Italien heimgekehrt, alles war voll Sand, die Bücher, mein schöner Wagen, die Ohren und Haare der Kinder. Meine Frau war drei Stunden vor uns angekommen. Sie begrüßte die Kinder herzlich, mich höflich. Das Gespräch während des Essens bestritten die Kinder, in dem sie ihrer Mutter von den Ferien erzählten. Ich merkte erst anhand ihrer Erzählungen, wie wichtig ich für sie in dieser Woche geworden bin. Papi da und Papi dort, es war eine Wohltat; auch meiner Frau schien es zu gefallen.

Als die Kinder zu Bett gegangen waren, wurde es heikler. Ich schenkte meiner Frau eine Flasche Amaretto, den wir zum Tee sogleich öffneten. Das Öffnen der Flasche fiel uns leichter als das unseres Mundes, geschweige denn das unserer Herzen. »Ich habe dich vermisst«, sagte ich schließlich. »Was denn genau hast du vermisst?«, hakte meine Frau nach. »Deine Salate«, sagte ich und schwieg. »Wenn das alles ist, das habe ich dir schnell beigebracht.« Ich schwieg, goss mir Tee nach und füllte auch die Tasse meiner Frau. »Und wie war's bei dir«?, lenkte ich ab. »Wunderbar«, sagte sie, »wir haben drei Konzerte besucht, am schönsten war jenes mit Werken von Rachmaninow. Wir haben die verschiedensten Architekturstile studiert und nach dem dritten Konzertabend habe ich noch einen Musiker kennengelernt.« »So«, antwortete ich leicht gereizt, «einen zerbrechlichen Jüngling mit sensiblen Gesichtszügen und zarten Händen.« Meine Frau warf mir einen fragenden Blick zu, auch sie begann sich zu ärgern.

Da läutete das Telefon. Meine Frau ging an den Apparat, nahm den Hörer ab. »Du bist es, Jan Marek«, sagte sie strahlend. »Ja, ich bin gut nach Hause gekommen; auch alles bestens, sie sind auch bereits hier.« Dann stellte die Stimme am anderen Ende weitere Fragen, ich wurde immer gereizter. »Die üblichen Andockschwierigkeiten, wir erzählen uns gerade von unseren Ferien.« Eine lange Pause entstand und ich hörte, wie dieser Musikertyp meiner Frau den Kopf voll schwatzte. Sie schien dabei auf Wolken zu schweben oder zumindest mental über die Karlsbrücke zu promenieren. »Ja, ich sage ihnen einen Gruß. Vielen Dank für den Anruf, Marek, und lebe wohl.« Der andere nahm nochmals einen Anlauf und quatschte weiter. Er ging mir auf die Nerven. Wenn er mir in dieser Stimmung in die Finger gekommen wäre, hätte ich ihn aus dem Fenster geworfen, auf einen Prager Fenstersturz mehr wäre es auch nicht angekommen.

Ich stand auf und verließ das Wohnzimmer, duschte und legte mich schlafen. Das Telefongespräch dauerte ungefähr noch eine Viertelstunde, dann ging meine Frau entgegen ihrer Gewohnheit nochmals in ihr Arbeitszimmer. Ich hörte, wie sie die PC-Tastatur bearbeitete. Mailte sie? Wem? Was? Ich ging zu ihr hoch und wünschte ihr eine gute Nacht.

Warum ich Dir das schreibe: Nicht um Dir von meiner keimenden Eifersucht zu erzählen, sondern davon, wie ich mit Gottes Hilfe diese schwierige Klippe an jenem Abend nehmen konnte. »Herr«, sagte ich, als ich im Bett lag, »wie wir aufeinander zugegangen sind, war ungut. Vergib mir meinen Teil. Ich gebe dir diesen Tag zurück und segne meine Frau.« Ich war in Beziehung mit meinem Gott und damit in allem, was geschehen war, innerlich frei. Nach etwa einer Stunde hörte ich im Halbschlaf meine Frau in der Dusche, dann schlich sie leise und geschmeidig ins Schlafzimmer, und schlüpfte nackt unter die Bettdecke. Mit jeder Faser zog es mich zu ihr, mir tat unsere Trennung fast physisch weh.

In jener Nacht träumte ich. Meine Frau entkleidete sich neben unserem Bett. Ihre Unterwäsche knisterte und erzeugte beim

Ausziehen Tausende von winzigen Funken, die ihren Körper erhellten, ihren schlanken Hals, ihre Brüste, ihre Beine, ihren Hintern. Ihr Gesicht konnte ich nicht sehen, es blieb im Dunkeln. Nur ihr Körper, nach dem ich mich glühend verzehrte, war bengalisch beleuchtet. Dann wandte sich meine Frau von unserem Bett ab und schritt barfuß in eine kahle Winterlandschaft hinein, die vom Mond fahl beleuchtet wurde. Sie schritt über den Schnee, der sie trug. Sie brach nicht ein, im Gegenteil, sie schien auf dem Schnee dem Mond entgegenzutanzen, ihre Silhouette wurde immer kleiner, bis sie verschwand. Ich fühlte mich verwirrt, als ich erwachte. Warum ich Dir diesen Traum erzähle, weiß ich auch nicht, er beschäftigt mich einfach.

Sei herzlich gegrüßt
Dein Reinhold

*Lieber Reinhold,*

*ich verstehe nichts von Träumen. Beim Lesen Deiner Schilderung fiel mir einfach auf, dass das Gesicht Deiner Frau dunkel und leer blieb und nur ihr Körper künstlich beleuchtet war. Im Ganzen kam mir eine Kälte entgegen, dass ich frieren musste, was bei uns schon etwas heißt.*

*Wir machten gestern einen Ausflug ins Freie. Wir durchschritten die Stadt, was für ein Gefühl: Wir schritten auf reinem Gold. Dabei kam mir der Gedanke, dass in der Ewigkeit alle unsere Asphaltwege zu Goldstraßen werden. Wir kamen zur Stadtmauer, deren Grundsteine aus lauter Edelsteinen bestehen, es sind zwölf an der Zahl: ein Jaspis, ein Saphir, ein Chalzedon, ein Smaragd, ein Sardonyx, ein Karneol, ein Chrysolith, ein Beryll, ein Topas, ein Chrysopras, ein Hyazinth und ein Amethyst.*

*»Ich habe in meinem Leben viel Mist gebaut«, sagte ich zu Asmus, »aber hier ist alles so perfekt rein.« Asmus nickte, »absolut edel und schön«. Mich freute zudem, dass sogar in der Ewigkeit die zwölf Stämme Israels symbolhaft abgebildet waren.*

*Paulus betrachtete interessiert den Aufbau der Stadtmauer. Er begann zu sprechen: Er hätte schon damals seinen Gemeinden empfohlen, sie sollten auf das Fundament, das schon gelegt ist, in Form von guten Taten Edles aufbauen, und nicht mit »Holz, Heu und Stroh«*[66] *bauen. Erst aus dieser Perspektive merke ich, wie viele meiner einstigen Tätigkeiten und Projekte, die ich so wichtig nahm, keinen ewigen Wert hatten und wie Heu verbrannt und vermodert sind. Dann führte er aus, dass wir nicht nur mit Taten bauten, sondern auch mit Worten, ja sogar mit Gedanken. Asmus zwinkerte Paulus zu und sagte, es wäre darum angebracht, auch seine Zunge im Griff zu haben: »Sage nicht alles, was du weißt, aber wisse immer, was du sagst«*[67]*, meinte er. Das hätte er auch immer gelehrt, erwiderte ihm Paulus, es gäbe so viel Geschwätz, »faule Worte«*[68]*, die nichts als Stroh seien, dabei solle doch unser Gespräch uns aufbauen und erfreuen. – Es ist wirklich beglückend, wie nach unseren Gesprächen nie ein schaler Nachgeschmack zurückbleibt, jeder unserer gemeinsamen Abende gleicht einem Edelstein.*

*Asmus geriet unterwegs in Fahrt, wohl weil er in der freien Natur in seinem Element war. Er erzählte lange aus seinem Leben: Er ist am 15. August 1740 in Reinfels im damals dänisch regierten Holstein als Sohn des dortigen Pastors geboren worden. Von seinem Studium in Jena kehrt er ohne Diplom nach Hause zurück, verbringt einige Jahre unproduktiv und in sich gekehrt im elterlichen Pfarrhaus. Er muss erst sich selbst und damit seine Berufung finden. 1768 wird er Journalist in Hamburg, dann ab 1771 Redakteur eines neuen Blattes in Wandsbek, einem Ort vor den Toren Hamburgs. Die Zeitung mit dem Titel »Der Wandsbeker Bote« macht Matthias Claudius in ganz Deutschland bekannt, vor allem*

66 1. Korinther 3,12

67 Matthias Claudius, *Werke,* Dritter Band, Hamburg 1819, Seite 23

68 Epheser 4,29

*auch wegen seines originellen Feuilleton-Teils. Sie geht aber nach fünf Jahren ein. Asmus, wie er sich selbst bezeichnet, lebt mehr schlecht als recht weiter als Dichter, Schriftsteller und Übersetzer, finanziell von einem Freundeskreis über Wasser gehalten. Seine finanzielle Lage entschärft sich ein wenig, als ihm die dänische Krone eine Stelle als Revisor an einer Bank in Altona gibt, eine Aufgabe, die ihm einen großen Freiraum lässt. Von seinen zwölf Kindern, denen er ein beispielhafter Vater ist, sterben drei früh. Die klugen Geister seiner Zeit verlachen ihn. »Mehr Schwachkopf als Starkkopf«, schreibt Lavater in seinen physiognomischen Schriften. Als Intellektuellen hat sich Asmus selbst nie gesehen. »Ich bin kein Gelehrter und habe mich nie für Etwas ausgegeben, und ich habe, als einfältiger Bote, nichts Großes bringen wollen, sondern nur etwas Kleines, das den Gelehrten zu wenig und zu gering ist«, sagt er von sich in seiner letzten Zeitungsausgabe (»Valet an meine Leser«).[69] Asmus lebt im Kleinen, Alltäglichen, Konkreten und nicht in der Flucht abstrakter Gedanken. Immer wieder kreist er um die Frage, wer der Mensch eigentlich sei. Schlüssel dazu ist ihm das konkrete, praktische Leben: »Siehe doch einer nur an, wie sie in die Welt hereinkommen und wie sie wieder hinausgehen, wes Standes und Ehren sie sind!«[70] »Und zwischen dem Herein und dem Hinaus, selbst wenn es am besten geht, was ist denn der Mensch, und was hat er? – Er hat Himmel und Erde, Meer und Land, Berg und Tal, Sonne und Mond.« In dieser Zeitspanne gilt es, ein gelingendes Leben zu führen.*

*Asmus lehrt über das Allgemein-Menschliche immer am Konkreten, zum Beispiel am ersten Zahn eines Kindes. Nach Asmus gibt uns nicht das Denken die richtige Richtung für ein gelingendes Leben an. Unser Denken kommentiert und rationalisiert im Nachhinein, was wir mit unseren täglichen Entscheidungen*

69 a. a. O., Seite 175

70 a. a. O., Seite 174

*schon längst leben und sind. Das Denken wird durch den Willen gesteuert. »Aber der Wille, der kann wollen und sich ändern und so auf die Denkkraft influieren* [Einfluss nehmen, Anmerkung des Autors]. *Und wer wie Gott wollen kann, der wird auch wie Gott denken lernen, er sei gelehrt oder ungelehrt, ein Polyhistor oder ein Schuster. Also auf eine gewisse Gestalt des inwendigen Menschen kommt es an, auf eine gewisse innerliche Denkart, Fassung, Haltung etc., die man sich vorsetzen und darnach streben muss«.*[71] *Ich habe ihn so verstanden, dass der Wille, der das Denken steuert, sich nach Gott und seinem Wort auszurichten habe. Asmus meint dann weiter, dass der Mensch nicht vom Brot allein lebe, das die Gelehrten einbrocken; sondern ihn hungere noch nach etwas anderem und besseren, nach einem Wort, das durch den Mund Gottes geht. Er schließt mit einem Ausspruch, den ich nie mehr vergessen werde: »Was im Hirn ist, ist im Hirn; und Existenz ist die erste aller Eigenschaften.«*[72] *Nicht auf das, was Du denkst, kommt es an, sondern auf das, wer Du bist!*

*Wir hatten wirklich einen gelungenen Ausflug, wie Du siehst; nur E. war etwas still und lebte erst wieder voll auf, als Asmus zum Schluss eines seiner Gedichte aufsagte. Wir durchschritten gerade das Südtor, das aus einer einzigen Perle besteht. Wir blieben stehen und Asmus sagte: »Ich empfahl den Leuten, dieses Lied täglich zu singen. Es vermittelt Lebensfreude und Dankbarkeit. Und dankbare Menschen sind glückliche Menschen.« So erhob er seine klare Baritonstimme, der Perlmuttglanz des Tores ließ unsere Gesichter festlich warm aufleuchten:*

*Ich danke Gott und freue mich*
*Wie's Kind zur Weihnachtsgabe,*
*Dass ich bin, bin! Und dass ich dich,*
*Schön menschlich Antlitz! habe; –*

71 a. a. O., Seite 176

72 a. a. O., Seite 81

*Ich danke Gott mit Saitenspiel,*
*Dass ich kein König worden;*
*Ich wär' geschmeichelt worden viel,*
*Und wär' vielleicht verdorben.*

*Auch bet' ich ihn von Herzen an,*
*Dass ich auf dieser Erde*
*Nicht bin ein großer reicher Mann,*
*Und wohl auch keiner werde.*

*Denn Ehr' und Reichtum treibt und bläht,*
*Hat mancherlei Gefahren,*
*Und vielen hat's das Herz verdreht,*
*Die weiland wacker waren.*

*Und all das Geld und all das Gut*
*Gewährt zwar viele Sachen;*
*Gesundheit, Schlaf und guten Mut*
*Kann's aber doch nicht machen.*

*Und die sind doch, bei Ja und*
*Nein! Ein rechter Lohn und Segen!*
*Drum will ich mich nicht groß kastei'n*
*Des vielen Geldes wegen.*

*Gott gebe mir nur jeden Tag,*
*Soviel ich darf zum Leben.*
*Er gibt's dem Sperling auf dem Dach;*
*Wie sollt' er's mir nicht geben!*[73]

*Sei herzlich gegrüßt*
*Dein David*

73 Theodor Echtermeyer/Benno von Wiese, *Deutsche Gedichte*, Düsseldorf, 1973, Seite 150

Lieber David,

bei mir ist eine Bombe geplatzt. Als ich an meinem letzten Ferientag die Post holte, hielt ich einen eingeschriebenen Brief meiner Firma in meinen Händen. Ich zitiere Dir daraus:

»Die Umstrukturierungsmaßnahmen greifen nun doch tiefer, als wir anfänglich gedacht haben. Aus diesem Grund müssen wir Ihnen leider mitteilen, dass ab sofort Ihre Stelle ›Teamleiter Marketing‹ aufgehoben ist. Wir bedauern diese Maßnahme sehr. Aus operativen Gründen ist uns mit einer sofortigen Freistellung mehr gedient als mit einer dreimonatigen Auslaufzeit Ihrerseits. Selbstverständlich halten wir uns an die vertraglichen Abmachungen. Sie erhalten noch drei Monatslöhne (plus Ihren Ferienanteil pro rata). Angesichts Ihrer fünfjährigen Tätigkeit in unserem Unternehmen möchten wir Ihnen mit einem zusätzlichem Monatslohn Ihr Ausscheiden abfedern. Ihr Büro ist bereits geräumt worden. (Wir konnten Sie in der letzen Woche telefonisch nicht erreichen; Ihre persönlichen Sachen werden Ihnen per Post zugestellt; die Schlüssel müssen sie uns nicht zurückgeben, da wir seit Anfang dieses Monats unser Schließsystem neu programmiert haben.)

Ihr Arbeitszeugnis liegt diesem Schreiben bei.

Wir danken Ihnen für Ihre treuen Dienste und wünschen Ihnen für Ihre Zukunft viel Erfolg.«

Signiert hat diese Kündigung ein gewisser Erwin Siegenthaler, den ich noch nie zu Gesicht bekommen habe. In der Zeitschrift »Der Leader« habe ich einen von ihm verfassten Artikel mit dem Titel »Entlassungsproduktivität in dynamischen Unternehmen« gelesen. Er gibt sich wohl erst zufrieden, wenn schlanke Unternehmen magersüchtig geworden sind. Diese Zitronenpresser sind gut im Schneiden, ihre »Downsize-Kastrationskompetenz« geben sie als Führungsstärke aus, doch wenn es ums Wachsen eines Unternehmens geht, sind sie farb- und fantasielos, so dass man sie entlassen muss, natürlich mit einer Schwindel erregend hohen Abfindungssumme.

Mir verschlug es die Sprache gleich zweimal. Zuerst beim Lesen dieses Briefes und dann bei der Lektüre des Arbeitszeugnisses, das mich als »fleißigen Marketingfachmann« auswies, der »zur Zufriedenheit der Vorgesetzen« treu gearbeitet hatte. Die stellen mich in codierter Form als mäßige Arbeitskraft dar, die sich Mühe gab und Mühe hatte. Diese Schweinerei lasse ich mir nicht bieten, ich gehe damit vor das Arbeitsgericht. Von meinen »alten« Arbeitskolleginnen und -kollegen werde ich mich heute Abend bei einem Apéro im Restaurant »Frohsinn«, einem schön gelegenen Ausflugsrestaurant, verabschieden.

Meine Frau nahm es gelassen. »Dann ist für mich klar, dass ich die weiteren Unterrichtsstunden übernehme, denkst du nicht auch so, Reinhold?« Ich konnte überhaupt nicht denken und brummte, das müsse sie selber wissen. Den Kindern habe ich noch nicht gesagt, dass ich arbeitslos sei. »Ich bin ein Arbeitsloser« – diese Vorstellung ängstigt mich, ich komme mir vor wie einer, dem man den Boden unter den Füßen weggezogen hat. Die Art und Weise, wie das Ganze formal abgewickelt wurde, hat mich gedemütigt und nährt meine alte, innere Wut. Nicht einmal verabschieden konnte ich mich, die persönlichen Sachen werden einem wie ein Nachlass nach einem Todesfall eines Angehörigen in einer Pappschachtel nachgeliefert. Höflich und klinisch sauber gingen die vor, stellten die Streichung meiner Stelle wie die Folge eines unabänderlichen Naturgesetzes vor (»die Umstrukturierungsmaßnahmen«, »aus operativen Gründen«), hinter dem sie weder ihr Gesicht, geschweige denn ihr Herz zeigen mussten. Jetzt, wo ich Dir diese Zeilen schreibe, werde ich ruhiger. Ich habe jetzt reichlich Material, um mich mit meinem Gott zu besprechen. Ich werde zunächst viel »auszuschütten« haben, hoffentlich ist die Frau an der Garderobe nicht auch wegrationalisiert worden.

Ich danke Dir für das Gedicht, das Du Deinem Brief beigefügt hast. Ob ich es täglich singen kann, weiß ich noch nicht. Aber gerade die letzte Strophe ist in meiner Situation so tröstlich:

»Er gibt's dem Sperling auf dem Dach; wie sollt' er's mir nicht geben!«

Sei herzlich gegrüßt
Dein Reinhold

*Lieber Reinhold,*

*Dir scheint der Boden unter Deinen Füßen wie weggebrochen. Mir scheint, dass Gott daran ist, Dich vom unheilvollen Verheiratetsein mit Deiner Arbeit zu lösen.*

*Zugegeben, Gottes Heilungsweg für Deine Arbeitssucht und familiäre Fahnenflucht gleicht einer Schocktherapie, aber Du wirst neue Freiräume und Freiheiten gewinnen, wie Du sie auch in Eurer Beziehung gerade entdeckst. Es wird kein einfacher Weg werden; wir Männer machen unseren Wert und unser Sein (ich glaube, Ihr sagt Identität) stark von unserer Arbeit abhängig. Aber wie ich vor allem aus Deinen letzten Zeilen herauslese, wirst du das Neue packen und es wird Dir zum Segen werden.*

*Ich möchte Dir noch von einer Begebenheit erzählen, die ich nie vergessen werde. Einmal hatte ich auch wenig Boden unter den Füßen, war auf der Flucht, lebte von der Hand in den Mund. Ich hatte eine Handvoll Kämpfer um mich geschart, mit denen ich die Herden und einsamen Gehöfte anderer bewachte, natürlich gegen Entlohnung. Manche waren froh über unsere Dienste, andere betrachteten sie als Erpressung von Schutzgeldern. Von meiner heutigen Warte her muss ich gestehen, dass unser Tun zwielichtigen, ja mafiösen Charakter hatte.*

*Warum erzähle ich Dir dieses dunkle Kapitel meines Lebens? Eines Tages wollte ich einen reichen Bauern überfallen, weil er sich weigerte, uns die geforderten Schutzgelder zu entrichten. Er habe keinen Auftrag erteilt, also bezahle er auch nichts, ließ er uns ausrichten. Seine Frau versuchte den Überfall zu verhindern und besänftigte uns mit zweihundert Broten, zwei Schläuchen Wein, fünf fertig zubereiteten Schafen, hundert Rosinenkuchen und zweihundert Feigenkuchen und dazu noch einem ganzen Sack gerösteter Getreidekörner. Wir waren halb verhungert und ich sehe jetzt noch diese unerwartete Fülle vor mir. Aber noch mehr bewegte mich, was mir die Frau sagte: »Dein Leben soll eingebunden sein im Beutel der Lebendigen bei dem Herrn.«*[74] *Ich verstand sofort. Wir pflegten damals als Hirten für jedes Großtier, das wir hüteten, einen kleinen Stein in einem Beutel aufzubewahren. Für zwölf Rinder hatten wir zwölf Steine im Säckchen, starb eines der Tiere, nahmen wir einen Stein raus, wurden neue geboren, fügten wir je nach deren Zahl neue Steine hinzu. So hatten wir den Überblick, so zählten wir. Ich pflegte jeweils abends, wenn sich der Himmel rötete, zu meinem Hirtenbeutel zu greifen, ließ die Steine durch die Finger gleiten und überschaute meine Herde. »Alle sind gezählt, alle sind da, es fehlt keines«, sprach ich zu mir.*

*Mich hat der Ausspruch jener Frau damals ins Herz getroffen. Mit meiner unsicheren Zukunft, als Mann ohne Perspektive war ich doch immer ein Stein in Gottes Beutel; Gott, gepriesen sei er, wachte über mir wie ein guter Hirte.*

*Reinhold, auch Du bist ein Stein in Gottes Beutel. Vieles, was Dir einst so wichtig war, ist eingestürzt. Jetzt fängt Dich seine Hand auf und Du wirst sehen, dass diese Hand verlässlich ist.*

*Sei herzlich gegrüßt*
*Dein David*

Lieber David,

vielen Dank für Deine Ermutigung. Vor allem das Bild mit den Steinen im Beutel hat mich berührt. Es zeigt etwas von der Sorgfalt Gottes, dass nämlich niemand von seinen Töchtern und Söhnen verloren gehen kann. Sagte unser Meister nicht,

---

74 1. Samuel 25,29

dass nicht einmal ein Haar von unserem Kopf fällt, ohne dass Gott es weiß?

Unsere Kinder nahmen meine Kündigung locker. Der Älteste fragte lediglich, ob Mama jetzt alles Geld allein für uns verdienen müsse. Mir gab das einen Stich und meine Frau kaute sehr bewusst an den Kartoffeln, die ich nicht weich genug gekocht hatte. »Papa wird wieder eine Arbeitsstelle finden«, sagte sie und fügte dann hinzu, sie würde in der Zwischenzeit mehr arbeiten »und Papa wird den Haushalt machen«. Darüber hatten wir noch nicht gesprochen und ich ärgerte mich, dass sie dieses Thema jetzt vor den Kindern anschnitt. Ich nahm einen tiefen Schluck aus meinem Glas, um Zeit für meine Antwort zu gewinnen. »Herr, ich gebe dir jetzt diesen Ärger ab. Und gib mir die Gelassenheit, die ich jetzt brauche.« Nach diesem Stoßgebet sagte ich (und war dabei selber erstaunt, wie ruhig und entspannt meine Stimme klang): »Ich werde den Haushalt machen, so gut ich es kann, und für euch Kinder werde jetzt ich Zeit haben.« Die Kinder schauten mich an und ihr Blick verriet Freude, aber auch eine gewisse Skepsis. Dann ergänzte ich, dass ich Bewerbungen und allfällige Anstellungsgespräche mit hoher Priorität verfolgen werde. Meine Frau nahm meine Antwort erstaunt zur Kenntnis, aber auch ihr Blick verriet Zurückhaltung.

Ich würde gerne noch Näheres über Beruf und Berufung von Dir erfahren. Ich habe jetzt viel Zeit zum Nachdenken.

Sei herzlich gegrüßt<br>
Dein Reinhold

*Lieber Reinhold,*

*wir sprachen gestern am Stammtisch über unsere Grundberufung, über die Zielvorstellung, die Gott von jedem Menschen hat, der mit ihm unterwegs sein möchte. Paulus wurde ein wenig heftig, es war natürlich heiliger Zorn, etwas anderes kommt bei uns ja nicht vor: »Die jagen dem Besonderen nach, dabei haben sie das Gewöhnliche, zu dem jeder Glaubende berufen ist, noch kaum entdeckt.« »Du wirst ja ganz eifrig«, entgegnete ihm E., »das ist doch ein urmenschliches Phänomen, dieser Drang nach der Spitze, dem Speziellen und Spektakulären«. Paulus nahm einen tiefen Schluck von seiner Granatapfelschorle und entgegnete: »Eben, darum werde ich so heftig, weil die Welt Stars will. Man greift nach den Sternen und übersieht dabei das, was am Wegrand als tägliches Angebot von Gott her da ist. Wenn sie die Grundberufung Gottes überspringen wollen, werden sie aufgebläht, statt auferbaut.«*[75]

*»Du willst also sagen, das mit der Grundberufung ist der praktisch gelebte Glaube im Alltag?«, fragte E. und nippte an ihrem Grüntee. Immer noch in Fahrt, sprach Paulus weiter: »Wer das Elementare überspringen will, wird nie ein Fortgeschrittener.« »Was gehört denn zur Grundversorgung, die Gott jedem Menschen geben will?«, fragte E. harmlos, gespannt, ob Paulus sie korrigieren würde. »Du hast Recht, die Grundberufung ist immer zuerst ein Angebot Gottes, eine Gabe, die dann zur Aufgabe wird«, worauf Paulus ausführte, dass doch alle »zur Freiheit«*[76] *berufen seien, zum inneren »Frieden«*[77]*, den Gott schenkt, zu einem reinen, integren Lebensstil, wo Leib, Seele und Geist »unversehrt«*[78] *bewahrt werden, zu einem Leben, das sich bewährt und in »ewiges Leben«*[79]*, in die Ewigkeit einmündet. Edith hörte ihm aufmerksam zu und nickte bei jeder Aussage.*

*Weißt Du, etwas von dieser Grundberufung hat mir Gott damals gezeigt, als ich ganz im Stillen als Hirte arbeitete. Ich lernte im Kleinen und Alltäglichen an der Hand Gottes zu leben. Ich*

75 1. Korinther 8,1

76 Galater 5,13

77 Kolosser 3,15

78 1. Thessalonicher 4,7

79 1. Timotheus 6,12

*lernte Ausdauer und Durchhaltewillen, wenn ich neue Weideplätze oder Wasserquellen suchen musste. »Adonai«, sagte ich, »ich kann einfach nicht mehr weiter ins Gebirge ziehen, der Weg durch das dunkle Tal ist gefährlich. Der Marsch wird eine Woche lang dauern. Ich schaffe es einfach nicht mehr.« »Und wenn du nur für heute die nötige Kraft bei mir abholst? Für heute gebe ich dir die Ausdauer, die du brauchst. Lass das Morgen meine Sorge sein«, sprach Gott zu mir. So brach ich ins dunkle Tal auf und mit jedem Schritt wurde mein Gang fester.*

*So lernte ich Angst zu überwinden, als ich mit Wildtieren kämpfte, Einsamkeit als Zeit der Gemeinschaft mit Gott zu entdecken, »Langeweile« als zweckfreie Muße, Zeit zum Spiel zu schätzen. Ich lernte, dass es die leisen Kräfte sind, die das Leben tragen, dass alles Besondere, das Bestand hat, aus dem Gewöhnlichen erwächst. Diamanten wachsen langsam und unter großem Druck!*

*Dann wurde in meinem Leben plötzlich alles anders. Ich wurde entdeckt. Zuerst kam die Ehre, sie beklatschten mich und mir gefiel es. Dann kam die Macht, ich konnte kriegen, was ich wollte, und mir schmeichelte es. Dann stellte sich der Reichtum ein. Für meinen Leib und meine Seele eröffnete sich eine wunderbare Spielwiese voller Genüsse und Gefährdungen. Parallel dazu stieg die Last der Verantwortung und auch die Zahl der persönlichen Angriffe nahm zu. Ich stand unter gewaltigem Druck, lebte exponiert und war in dieser Dauerbeanspruchung gefährdet.*

*Aber ich dachte immer wieder an die Hirtenzeit zurück und sagte mir: »David, du hütetest die Herde, du hütetest dein Feuer, hüte jetzt auch deine Seele. Diese ist zwar bewegter, unruhiger und unberechenbarer, als Herde und Feuer es waren. Nun ›hirte und bewirte‹ sie.«*

*So blieb ich weiter im Gespräch mit Gott, gepriesen sei er. Ich sang meine Lieder und Gott stärkte meinen Geist, damit dieser wieder meine Seele an die Hand nehmen konnte.*

*Manchmal gelang das gut, manchmal weniger.*

*Euer Haushalt ist Deine Wüste – ich hoffe, Du verstehst, wie ich das meine!*

*Ich grüße Dich herzlich*
*Dein David*

Lieber David,

und ob! Heute herrschte wirklich Chaos, glich unser Haushalt wahrhaftig einer Wüste – wie viel täglich einfach so im Haus liegen bleibt: Kleider, Bücher, Leim und Schere, selbstverständlich Spielsachen, Teetassen und Turnschuhe! Nur schon das ist eine Aufgabe, dafür zu sorgen, dass alles immer wieder am richtigen Platz landet. Die ersten Tage fiel mir das Kochen leicht. Ich bereitete Fertigpizza, Ravioli aus der Büchse und Rösti aus dem Beutel zu. Dazu gab es fixfertig gewaschenen und geschnittenen Salat, eine dazu passende Sauce kaufte ich ebenfalls im Laden. Jeden vierten Tag gab es Hamburger und Pommes frites, die ich aus dem Kühlschrank direkt in die Friteuse knallte. Dass ausgerechnet unser Ältester eines Tages beim Essen zu streiken begann, hat mich am meisten erstaunt. Seit Papa koche, bekäme er Pickel, sagte er vorwurfsvoll. Meine Frau schwieg zuerst, meinte dann aber, als auch unser Mittlerer über das Essen zu meckern begann, sie wünsche sich wieder einmal etwas Selbstgekochtes. »Was mache ich denn anderes als selber zu kochen?«, erwiderte ich. »Mit dem Büchsenöffner und dem Tiefkühlfach und mit einem Warenaufwand, der viermal höher ist, als wenn ich einkaufe«, sagte sie, »dabei müssen wir doch gerade in den nächsten Monaten die Kosten unter Kontrolle haben.« Ich begann mich zu ärgern.

Mindestens drei Kampffelder stehen mir jetzt zur Verfügung. Sollen wir über Geld streiten, sollen wir in den Ring Kindererziehung treten oder uns über ihr Essverhalten zanken? Früher hätte ich mich gleichzeitig auf alle drei Schlachtfelder gestürzt. Ich schickte wieder so ein Stoßgebet nach oben: »Gott, ich möchte doch ein guter Vater, Ehemann und jetzt auch Hausmann sein und weiß nicht wie!« Ich gewann innerlich Distanz und mir kam die Idee, ich könnte doch anfangen, die Rezepte meiner Frau nachzukochen. »Okay«, sagte ich, »ich werde nach Mamas Rezepten kochen. Zum Abendessen gibt es Müsli«, sagte ich maliziös. Zu meiner Überraschung strahlten alle.

Am Nachmittag wollte ich die Wäsche aufhängen, aber ich hatte das falsche Waschprogramm eingegeben, die Kleidungsstücke kamen zwar sehr sauber, aber auch sehr verkleinert aus der Maschine und alle weißen Stücke waren pink gefärbt. Danach hatte ich einige Bewerbungen abgeschickt und mit dem Amt für Arbeitslose ein langes Telefongespräch geführt. Dabei wurde ich dauernd durch den Jüngsten gestört, der zu früh aus der Schule kam, er habe Halsweh. Als ich das Müsli zubereiten wollte, merkte ich, dass alle Früchte weggegessen waren; im Quartierladen kaufte ich welche ein, zwar sehr teuer, aber beste Qualität. Ob das stimme, dass ich ohne Stelle sei, fragte mich der Ladenbesitzer, und alle Kunden verstummten, um meine Antwort zu hören. Ich kam mir vor wie einer, der in aller Öffentlichkeit von seiner Krebskrankheit erzählt.

Nach dem Abendessen fragte mich meine Frau, ob ihr Pullover schon gewaschen sei. Er hänge unten und sei bestimmt schon trocken, antwortete ich. Offenbar muss ihr das Kleidungsstück sehr lieb gewesen sein: Sie weinte fast, als sie ihr ursprünglich flauschig weiches Kaschmirstück als brettiges Schrumpftextil in ihren Händen hielt. Ich hätte noch zu bügeln, meinte ich und verzog mich, so schnell ich konnte. »So tief bin ich gefallen«, dachte ich, als ich am Bügelbrett vor dem Fernseher stand und mir eine Kochsendung anschaute. Dann blickte ich nach oben und gab meinen Frust über diesen Tag bei Gott ab: »Ich gebe dir jetzt meine Unzufriedenheit mit meiner gegenwärtigen Lage ab, und dass mir das mit der Wäsche misslungen ist, lasse ich auch bei dir los.« Als ich so einige Sätze gebetet hatte, wurde mir zum ersten Mal bewusst, wie viel meine Frau in den letzten

Jahren für unseren Haushalt getan hatte. »Und es tut mir auch leid, dass ich all die Jahre ihre Arbeit gering geschätzt habe«, fuhr ich fort. Dann wurde ich abgelenkt, die Zubereitung der Lachsstreifen mit Dillsauce interessierte mich.

David, Du siehst, ich bin wirklich in der Wüste, wo ich das Elementare meiner Grundberufung einüben kann – aber die Wüste lebt!

Sei herzlich gegrüßt
Dein Reinhold

P. S.: Wie endete eigentlich Edith Steins Leben?

*Lieber Reinhold,*

*Edith und ich waren gerade gestern wieder einmal zusammen. »Erinnerst du dich noch, als wir dich mit jener Frau auf der Sandbank trafen«, fragte ich sie. Sie blickte mich an und nickte. »Ihr habt eine Burg im Sand gebaut.« »Ja«, sagte sie, »eine Burg mit sieben Wohnungen. Teresia und ich wollten damit das Innere der Seele darstellen. In die Burg gelangst du durch die Pforte des Gebetes«, sagte sie. »Dann gelange ich also nur in die erste Wohnung, wenn ich bete. Komme ich nicht zu Gott, sondern nur zu meiner Seele?«, fragte ich sie. Sie lächelte: »Klar gelangst du im Gebet zu Gott, der im Innersten der Burg ist, aber die erste Wohnung, die du betrittst, ist die Selbsterkenntnis. Wenn du zu beten beginnst, begegnest du zuerst dir, und das ist auch gut so, du sollst dich nicht überspringen, darfst aber auch nicht bei dir stehen bleiben.«*

*Wir sprachen dann darüber, was an unseren Gedanken und Empfindungen echt ist, und was unglaubwürdig, weil es nur gedacht, nicht aber gelebt wird. Sie sagte dann etwas, das ich Dir gerne weitergebe für Deinen Alltag: »Für die Scheidung von Echtem und Unechtem in der eigenen Seele ist außer der Kritik des Verstandes wichtig die Berührung mit der Praxis. Die Bewegungen des Gemüts sind Triebkräfte, die zum Handeln drängen.*

*Wo man nichts von den entsprechenden Taten sieht, muss man den Verdacht haben, dass hinter den großen Worten, wo nicht gar nichts, so doch nur ein Schwelgen in Fantasie- oder Scheingefühlen und -gesinnungen steckt.«*[80] *Die Wüste Deines Haushaltes ist der beste Ort, Dich von allen Fantasie- und Scheingefühlen zu reinigen, und eine ausgezeichnete Gelegenheit, Gottes Gesinnungen einzuüben.*

*Ich fragte Edith nach dem Ende ihres Lebens. Sie fasste ihre Lebensstationen in Kürze zusammen und sprach dabei lange über ihr letztes Buch, das sie nicht vollenden konnte:*

*Schwester Benedicta ahnt, dass ihr Leben mit dem Leiden ihres Volkes verbunden ist. Schon 1930 macht sie in einem Brief auf die Dringlichkeit des eigenen »holocaustum«*[81] *aufmerksam. Sie weiß innerlich also schon sehr früh, welcher Weg ihr mit diesem »Ganzopfer«, das sie zu bringen hat, vorgezeichnet ist. Kurz nach den Judenpogromen im Anschluss an die »Reichskristallnacht« wird sie von ihren Oberen aus Sicherheitsgründen in den niederländischen Karmel nach Echt verlegt. Das ist 1938. Sie arbeitet an der Pforte, besorgt den Speisesaal, gibt den Klosterneulingen Lateinunterricht und arbeitet an ihrem letzten Werk über einen spanischen Mystiker. In diesem Werk spricht sie von der »Nacht des Glaubens« oder vom »mitternächtlichen Dunkel des Glaubens«. Sie beschreibt darin, dass es eine Form von Gotteserfahrung gibt, wo du dich arm, leer, bedürftig und geistlich ausgetrocknet erlebst. Diese Form der Begegnung mit Gott hat reinigenden Charakter. Reinhold, Gott kann Dir unter dem Vorzeichen der Abwesenheit begegnen, wo Du wie ein Hirsch nach frischem Wasser lechzt. Edith beschreibt es so: Die »Nacht des Glaubens« »entlarvt jede menschliche Selbsttäuschung. Jetzt gibt es keinen pharisäischen Hochmut mehr und keine selbstgefällige Freude an der eigenen Frömmigkeit. Die Wirklichkeit der*

80 a. a. O., Seite 126

81 a. a. O., Seite 120

*natürlichen Welt wird von einer stärkeren Wirklichkeit aus den Angeln gehoben: Die starke Hand des lebendigen Gottes muss selbst eingreifen, um die Seele aus den Schlingen alles Geschaffenen zu befreien und an sich zu ziehen. Dieses Eingreifen ist die dunkle, mystische Beschauung, verbunden mit der Entziehung alles dessen, was bisher Licht, Halt und Trost gegeben hat«.*[82] *Im Grunde arbeitet E. vor ihrem Tod an der Frage, wie man Glauben kann, auch wenn Gott zu schweigen scheint. 1940 marschieren die Nazis in Holland ein, 1941 beginnen sie mit der »Endlösung der Judenfrage«. Die ersten Klöster werden aufgehoben, die Schwesternschaft in Echt ist zutiefst beunruhigt, Edith bleibt gelassen: »Wir haben uns zur Klausur verpflichtet«, gibt sie zu bedenken, »aber Gott hat sich nicht verpflichtet, uns immer in den Klausurmauern zu lassen. Er braucht es nicht, weil er andere Mauern hat, um uns zu schützen.«*[83]

*Edith Stein lebt ganz im Augenblick: »Mein Leben beginnt jeden Morgen neu und endet jeden Abend; Pläne und Absichten darüber hinaus habe ich keine; das heißt, es kann natürlich zum Tagewerk gehören, vorauszudenken, aber eine ›Sorge‹ für den kommenden Tag darf es nie sein«.*[84] *Mit jeder Faser hängt sie am Leben, im Gebet gelingt es ihr, in großer Gelassenheit im Moment zu leben:*

*»Ohne Vorbehalt*
*und ohne Sorgen*
*leg ich meinen Tag*
*in Deine Hand.*

82 Christian Feldmann, *Edith Stein – Jüdin, Atheistin, Ordensfrau,* Freiburg 1998, Seite 125

83 a. a. O., Seite 126

84 Edith Stein, *Im verschlossenen Garten der Seele*, Freiburg 1998, Seite 115

*Sei mein Heute,*
*sei mein gläubig Morgen,*
*sei mein Gestern,*
*das ich überwand.*
*Frag mich nicht nach meinen Sehnsuchtswegen –*
*Bin aus deinem Mosaik ein Stein.*
*Wirst mich*
*an die rechte Stelle legen –*
*Deinen Händen*
*bette ich mich ein.«*[85]

*1942 werden alle katholischen Juden durch die SS verhaftet und dann ins KZ Auschwitz deportiert. Am 2. August stehen um siebzehn Uhr zwei SS-Offiziere vor der Türe des Karmels in Echt. Das Kloster will Edith Stein und ihre Schwester, die auch hier Unterschlupf gefunden hat, nicht herausgeben. Eine empörte Menschenmenge sammelt sich vor der Klosterpforte, die Lage droht zu eskalieren. Da nimmt Edith ihre Schwester und sagt zu ihr: »Komm, wir gehen für unser Volk!«*[86] *Im Dunkel des Todeslagers von Auschwitz verliert sich das Leben von Edith Stein.*

*Sie hat nicht nur über die »Kreuzeswissenschaft« geschrieben, sie hat ihr schweres Kreuz getragen und so ihr Leben gewonnen.*

*Sei herzlich gegrüßt*
*Dein David*

Lieber David,

Edith Stein ist eine beeindruckende Frau. Ihre Gedanken über die »Nacht des Glaubens« haben mich etwas verwirrt. »Dieses mystische Zeugs ist nichts für dich«, habe ich mir

---

85 Amata Neyer, Hanna-Barbara Gerl-Falkowitz, a. a. O., Seite 116

86 a. a. O., Seite 129

anfänglich gesagt, und doch gingen mir ihre Aussagen nicht mehr aus dem Kopf. Mir kam die Frage, ob Gott nicht dafür zu garantieren habe, dass es mir gut geht, dass ich mich gut fühle?

Mir geht es gar nicht so schlecht. Im Haushalten bekomme ich Routine, auch wenn jeder Tag wieder anders aussieht, das Ganze ist viel komplexer, aber auch spannender, als ich gedacht habe. Unsere Beziehung ist nach wie vor unbefriedigend, ich schlafe in unserem Bett und doch sind wir nicht zusammen. Meine Frau geht völlig im Unterrichten auf, genießt das Team der Lehrpersonen und abends chattet sie mit Jan Marek über Kulturthemen. Sie spielt mit offenen Karten und hat mir Einblick in ihren Austausch gegeben. Es scheint etwas harmlos Platonisches zu sein, nur frage ich mich, wie hoch der Kippfaktor ist, wo das Platonische ins Erotische umschlägt. Ich habe ein ungutes Gefühl und mir sogar schon überlegt, ob ich das ihrer Seelsorgerin melden soll.

Ich bin Mitglied der Wirtschaftspartei geworden und gehe morgen Abend in die Sektionsversammlung. Eine zweite Anfrage unseres Pastors für ein Gemeindeengagement habe ich mit der Begründung abgelehnt, dass unsere Ehe auf wackligen Füßen stehe. Unsere Beziehung gleicht einer Sauna mit einer weit geöffneten Türe: Wir kommen einfach nicht auf die nötigen Temperaturen, und das auf allen Ebenen.

Sei herzlich gegrüßt
Reinhold

*Lieber Reinhold,*

*alle Ehearrangements, wo man mit einem Bein schon außerhalb steht, wo irgendwelche Hintertürchen offen stehen, bleiben auf die Länge unbefriedigend. Man ist dabei, aber bloß halbherzig. Die Gefühle füreinander erleiden zwar nicht den Kältetod, aber bleiben doch unterkühlt. Hier braucht es klärende Neuan-*

*fänge, meist ist das mit gegenseitiger Vergebung verbunden. Beide müssen sich ein bisschen bücken. Oft hat dieser Neuanfang mit der Überwindung des eigenen Stolzes zu tun. Prüfe mal, ob Du diesen nicht wie eine »coole« – so nennt Ihr das doch? – Mütze trägst, die Du tief in die Stirne gezogen hast. Am Besten gibst Du ihn auch einmal bei Gott ab und bittest ihn, Dich stattdessen mit seiner Gnade und Barmherzigkeit zu krönen.*

*Dass Gott dafür zu garantieren habe, dass es Dir gut geht und Du Dich gut fühlst, könnte ich so nicht unterschreiben. Gott ist kein Maskottchen. Hinter Deiner Formulierung höre ich immer noch – wir sprachen schon darüber – diesen »funktionalen« Gott heraus. Gott ist kein Glücksbringer, sondern ein persönliches Du, das mit Dir in Beziehung leben möchte. Daraus fließt Segen. Segen ist mehr als ein kurzfristiges Wohlgefühl, er ist Gutes mit Dauerhaftigkeit und Ewigkeitswert. Es geht also immer um Gott zuerst, Gutes wird als Nebenprodukt daraus hervorgehen.*

*Ich sprach gestern mit Paulus darüber. Wir spazierten den großen Strom entlang, setzten uns dann auf einen Felsvorsprung und schauten dem Wellenspiel zu. »Wie hast du das damals eigentlich gemeint«, fragte ich ihn, »dass einem alle Dinge zum Guten dienen müssen«?*[87] *Paulus schwieg lange, dann sagte er: »Du musst schon vollständig zitieren, auch wenn ich das mit deinen Liedern nicht immer tat.« Dann führte er aus, dass er von Menschen gesprochen hätte, die Gott lieben. »Grundlage ist diese Liebesbeziehung mit Gott, dass du dich ansprechen lässt, dich von ihm in die Arme nehmen lässt, dass er dich korrigieren und dein Leben in gesunde Bahnen lenken darf.« Mir leuchtete das ein. »In der Tat«, führte Paulus dann weiter aus, »den Menschen, die von Gott geliebt werden und die ihm ihre Liebe zurückschenken, denen werden alle Dinge ›synergein‹«. »Was meinst du damit?«, fragte ich ihn, »ich verstehe das Wort nicht, sprichst du*

87 Römer 8,28

*in Zungen?« »Gelegentlich tue ich das schon, vor allem, seit ich hier oben bin und wir nicht mehr die Unsicherheit haben, ob es alle verstehen«, meinte er lachend und fuhr fort: »Das ist Griechisch, ›synergein‹ will sagen, dass Menschen, die in einer Liebesbeziehung mit Gott stehen, Beglückendes oder Schweres erleben können, dass aber alles eine ›Synergie‹ zum Guten hat.«*

*Wir blieben fast den ganzen Tag am Strom und haben noch lange darüber gesprochen, wie denn dieser »Synergieeffekt« zum Guten in der Praxis aussieht. Ich schreibe Dir das nächste Mal darüber.*

*Sei herzlich gegrüßt*
*David*

Lieber David,

mit dem Stolz hast Du Recht, jedenfalls bei mir. Er ist wirklich so etwas wie eine Baseballmütze, unter der ich mich bedeckt halte. Die Schirmmütze des Stolzes schützt mich auch. Ich gab sie gestern ab, aber es lief ein wenig anders, als Du mir geraten hast.

Meine Frau kam glücklich, aber auch ziemlich abgespannt aus ihrer Schule zurück. Ob sie einen Tee wolle, fragte ich sie und wir setzten uns ins Wohnzimmer. »Wie war dein Tag?«, fragte ich teilnahmsvoll. »Es ging so«, meinte meine Frau, »das Unterrichten macht mir total Freude, unser Team auch. Aber es ist einfach etwas viel neben all dem anderen.« Sie sagte das ohne einen Unterton an die Adresse des Hausmannes. »Ich merke, dass es belastet, so Tag für Tag außer Haus zu arbeiten, früh raus zu müssen und sich abends nach dem Essen nochmals in die Arbeit reinzuhängen.« Das war Balsam für meine Seele und ich nickte verständnisvoll: »Ich verstehe gut, was du meinst.«

»Jetzt oder nie«, sagte ich zu mir und nahm allen Mut zusammen. »Ich muss dir etwas beichten«, fuhr ich fort und machte ein zerknirschtes Gesicht, merkte aber zugleich, dass ich jetzt ohne Spielchen fortfahren musste. Das zerknirschte Gesicht wich einem offenen Blick: »Schau, ich habe in den letzten Wochen viel gelernt und bin durch manche Enttäuschung hindurchgegangen. Meine Kündigung war ein heilsamer Schock.« Meine Frau hörte sorgfältig zu und schien zwischen den Zeilen zu lesen. Es gab aber nichts zu lesen, ich wollte ihr aufrichtig sagen, wie es mir in den letzten Wochen ergangen sei. »Ich kam auch beim Haushalten an meine Grenzen«, fuhr ich weiter, »ich hätte nicht gedacht, dass das alles so vielschichtig ist.« Diesmal nickte meine Frau und du konntest beobachten, wie gut ihr meine Worte taten. »Und dann ist mir noch etwas wichtig geworden.« Ich stockte, raffte mich wieder auf: »Ich habe deiner Arbeit wenig Wertschätzung entgegen gebracht. Ich habe dich oft im Stich gelassen.« Ich sprach auch davon, dass ich häufig mich gesucht habe, statt sie zu lieben, mir sei aufgegangen, dass ich oft zu Hause gefehlt hätte, wo ich unersetzlich bin, und dass ich im Geschäft, wo ich unersetzlich zu sein meinte, über Nacht ersetzt worden sei. »Für all das bitte ich dich um Entschuldigung, es tut mir leid.«

Ich wusste, dass ich noch etwas sagen musste, es fiel mir schwer. »Auch meine Bemerkung, dass im Geschäft die Frauen nur so darauf warten würden, mich zu empfangen, tut mir leid.« Ich senkte den Kopf, zog ihn leicht ein, wie einer der Schläge erwartet.

Meine Frau schwieg, sie war sichtlich bewegt. »Komm, sag was«, hätte ich ihr zurufen wollen, »Du kannst alles sagen, nur schweigen darfst du jetzt nicht.« Sie sagte immer noch nichts, nur ihre Mundwinkel zuckten. Ich blickte durch die Fensterscheiben auf die untergehende Sonne. »Die Fenster müssten dringend geputzt werden«, dachte ich. »Komm, sag endlich etwas«, wiederholte ich innerlich. Da stand sie auf, stellte sich hinter meinen Stuhl, legte von hinten ihre Arme um mich und küsste mich auf die Wange, dann aufs linke Ohr und flüsterte: »Ich danke dir, mein Lieber.«

Ich wollte aufstehen und sie in meine Arme nehmen, sie aber setzte sich wieder mir gegenüber aufs Sofa. Ihr Gesichtsausdruck wurde ernst, fast ein wenig gequält. »Dass es mir leid tut, von dir die Stillung meiner Bedürfnisse erwartet zu haben, habe ich dir gesagt«, fing sie an. Ich dachte an jenes entlastende Gespräch zurück. »Mir ist noch etwas aufgegangen, wofür ich dich meinerseits um Vergebung bitten möchte.« Ich war ganz Ohr. »Ich habe dir nicht immer die nötige Achtung entgegengebracht«, sagte sie. Ich lächelte verlegen. Sie erzählte mir, wie sie mich verachtet habe, wenn ich mit meinem Bier in der Hand vor dem Fernseher vor mich hin brütete, wenn ich aus Feigheit im Unternehmen nicht Nein sagen konnte. Mein Lächeln gefror und ich nahm einen leichten Schmerz wahr. Sie wollte noch etwas sagen, zögerte dann aber. »Ist das alles?«, fragte ich aufmunternd. »Ich spreche es aus, du hast es ja sowieso gespürt, ich verachtete dich auch manchmal im Bett, wenn es dir letztlich einfach um deine Lust ging. Es tut mir leid, dass ich dir nicht immer die nötige Achtung entgegengebracht habe.«

Ich spürte ihn jetzt stark, diesen Schmerz des Verachtet-Werdens. Ich tat zwar immer noch so, als ließe mich die Ablehnung kalt. Aber stärker noch war der Wunsch, zu vergeben und neu anzufangen.

»Ja, ich habe das manchmal auch so empfunden, dass du mich ablehnst. Dazu hattest du manchmal auch Grund.« Es entstand eine längere Pause. Ich wollte aufstehen, sie in meine Arme nehmen, sie auf die Lippen küssen. Aber ich spürte instinktiv, dass meine Aufgabe eine andere sei. »Ist es dir recht, wenn wir das jetzt noch in einem Gebet vor Gott bringen?«

Wir hatten schon seit langem nicht mehr miteinander gebetet. So richtig funktioniert hat es zwar nie. Aber wir hatten immer wieder einen Anlauf genommen und waren dann immer beschenkt worden. Unser gemeinsames Gebet war das Erste, was zu Beginn unserer Krise verstummt war. »Ja, lass uns zusammen beten.« Beide wiederholten wir vor Gott, was wir uns gesagt hatten. Ich musste an Dich, David denken, was Du mir über die Vergebung vor langer Zeit einmal geschrieben hast, und schloss unsere Zeit des Gebets mit der Bitte, dass Gott uns mit einem neuen, gewissen Geist erfüllen möge.

Dann standen wir auf, sahen uns in die Augen und küssten uns. Es hat nur noch der Schleier gefehlt, so sehr hat mich dieser Moment an unsere kirchliche Trauung erinnert. Die war ein wenig peinlich gewesen. Zuerst hatte ich den Ring für sie zu Boden fallen lassen, dann hatte ich ihn nur mit äußerster Mühe über ihren Ringfinger gebracht und als ich den Schleier hochheben wollte, um sie zu küssen, fiel der wieder runter. Erst beim zweiten Anlauf konnte ich den Hochzeitskuss platzieren. »Es ist ein Anfang, wie damals«, sagte meine Frau. Auch sie dachte an unseren Hochzeitstag. »Nur sind wir heute um einige Illusionen ärmer«, sagte ich, sie aber erwiderte: »Und doch sind wir irgendwie reicher.« »Reicher oder reifer?«, fragte ich und trank den inzwischen kalt gewordenen Tee aus.

Ich ging dann abends früh zu Bett. Meine Frau korrigierte noch lange. Ich schlief schon fast, als sie ins Zimmer schlich und eine Kerze anzündete. Sie zog sich im milden Licht aus, ihr Körper blieb im Dunkeln, das Licht der Kerze erleuchtete ihr hübsches Gesicht, sie sah entspannt und glücklich aus. Sie legte sich ins Bett, hob meine Bettdecke, kroch neben mich und schmiegte sich mit ihrem weichen, nackten Körper an mich. Ich fuhr mit meinem Zeigefinger über ihre Gesichtszüge, über die schön gewölbte Stirne hinunter bis zum Anfang der Nase, der Nasenwölbung entlang bis zur Wurzel, über die Oberlippe und Unterlippe weiter bis zum Kinn und dann ihrem Hals entlang. Ich spürte, wie sie mit ihrer warmen Rechten über meine Brust strich, dann liebkoste sie meinen Bauch, der in den letzten Monaten beträchtlich gewachsen ist. Ihre rechte Hand ging weiter, unter die Hose meines Schlafanzuges, und verharrte spielerisch zwischen meinen Beinen. –

Wir liebten uns heiß und heilig.

Als wir geduscht im Bett lagen, sagte ich: »Es war wunderschön, ein Meilenstein.« Ich dachte an das Spiel unserer Leiber. »Ja, unser Gespräch im Wohnzimmer war wirklich ein wundervoller Wendepunkt«, antwortete sie schläfrig. »Wir reden nicht vom Gleichen«, sagte ich und wollte die Sache sogleich klären. »Was genau war der Markstein?«, wollte ich von ihr wissen. Ihre Antwort war ein unverständliches Murmeln, sie atmete tief und regelmäßig. Während ich ihren Atemzügen zuhörte, dachte ich darüber nach, wie unterschiedlich wir doch das gemeinsam Erlebte wahrgenommen hatten. Sind gar zwei Meilensteine gesetzt worden, einer durch mich und einer durch meine Frau?

In dieser Nacht hatte ich wieder einen Traum. Wir bestiegen einen hohen Berg. Ich trug einen schweren Rucksack und meine Frau einen Strohhut, der mit einem roten Band umwunden war. Meine Frau wollte immer wieder Rast machen und sich die Landschaft anschauen. »Schau mal, dieser herrliche Ausblick!«, sagte sie, »schade, dass ich nichts zum Aquarellieren dabeihabe.« »Zum Glück«, dachte ich und sagte, dass ich den Blick auf den klaren Bergsee auch umwerfend fände. Während wir weiter wanderten, fiel mir auf, wie unterschiedlich unsere Schrittlänge war. Meine Frau nahm jede Blume am Wegrand wahr, ich schaute in die Ferne, prüfte Horizont und Wetter. Sie kommentierte alles, was sie betrachtete, ich genoss es still. Ich erwachte mit einem Glücksgefühl.

Sei herzlich gegrüßt
Dein Reinhold

*Lieber Reinhold,*

*ich habe gejubelt, als ich Deine bewegenden Zeilen las. Im Café Paradiso spendierte ich eine Runde, wir machen immer ein Fest, wenn Menschen einen Versöhnungsweg einschlagen. Ich hätte etwas zu feiern, sagte ich. Was es denn sei, erkundigten sich die anderen. »Es ist ein Geheimnis«, sagte ich, worauf alle meinten, hier gäbe es doch nichts mehr zu verbergen: »Nach dem Sündenfall bedeckten sie sich und versteckten sich vor Gott«, meinte Asmus, »hier leben wir im Licht.« »Das einzige Geheimnis, das immer noch gilt, ist das Seelsorgegeheimnis«, sagte ich und erwähnte kurz, dass bei euch Frieden eingekehrt sei. Wir stießen mit dem Saft frisch gepresster Limonen, der mit Dattelsirup raffiniert gesüßt war, auf Euch an.*

*Ihr beide seid wirklich ein großes Stück weitergekommen. Das gilt es jetzt zu bewahren. Ihr werdet Rückfälle erleiden, aber die sind normal. Jede Wanderung kennt Holzwege, wo man umkehren, neu auf Kurs kommen muss. Ich habe große Hoffnung für Euch.*

*Ich schreibe Dir noch weiter vom Gespräch mit Paulus am Ufer des großen Stroms. Wir saßen auf einem Felsen und sprachen darüber, wie wir gelernt hatten, Druck auszuhalten. »Sprichst du von echten Drucksituationen, nicht von selbst verschuldeter Überforderung, die wir hier Gott sei Dank nicht mehr haben?«, fragte ich ihn. »Wenn ich auf mein Leben zurückblicke, gab es da manche Engpässe, die ich mir selber eingebrockt hatte.« »Ich spreche von Lebensphasen, wo unseren Schultern Lasten zugemutet werden, die wir uns nicht selber aufgeladen haben.« »Genau«, erwiderte ich, »und es braucht eine rechte Portion Weisheit, um zu unterscheiden, was wir am Leiden mutig ändern sollen und was wir einfach in Gelassenheit hinnehmen sollen«, sagte ich. Paulus ließ sich vom Felsvorsprung ins flache Wasser gleiten und schritt in Gedanken versunken vor mir hin und her. Nach einer Weile sagte er: »Ich habe einmal eine ganze Folge von Gefühlslagen aufgezählt, welche wir bei innerer Belastung durchlaufen.« Vor sich hin schreitend zitierte er: »Wir rühmen uns der Trübsale, da wir wissen, dass die Trübsal Geduld wirkt, die Geduld aber Bewährung, die Bewährung aber Hoffnung, die Hoffnung lässt nicht zu Schanden werden.«*[88]

88 Römer 5,3–4

*Er sprach etwas altertümlich, aber beim Zuhören kam mir das Bild einer Kette, bei der ein Glied ins andere greift. »Sei einmal ehrlich«, rief ich ihm zu, »hast du dich wirklich über schwere Situationen freuen können?« »Im Moment konnte ich es nicht immer«, rief er zurück, »aber rückblickend war es mir eine Freude; ich konnte dann über meine Wachstumsschritte nur staunen.« Paulus stieg aus dem Wasser, setzte sich neben mich, legte seinen Arm um meine Schulter, was er noch nie getan hatte. Seine glasklare Stimme wurde weich, fast zärtlich und er umschrieb die zitierten Worte wie folgt: »Was befähigt uns, einen Schritt nach dem anderen zu gehen? Unter Druck lernen, darunter zu bleiben und Geduld zu haben. Die Geduld wiederum gebiert in uns Bewährung, Ausdauer, wir bekommen das Herz eines Marathonläufers. Ausdauer und Bewährung werden schließlich zum Nährboden der Hoffnung, die stärker ist als der Tod. Was befähigt uns zu diesem Prozess?«*

*Ich schaute dem Lichtspiel im Wasser zu. Plötzlich sah ich ihn wieder vor mir, den glasklaren Bergbach. Fast eine Woche lang war ich mit meiner Herde auf unserer Suche nach Futter und Wasser unterwegs gewesen. Wir zogen durchs dunkle Tal, das völlig ausgetrocknet war. Ich musste die ersten Lämmer notschlachten. Wir überschritten eine ausgedörrte Hochebene, wo es kaum Futter gab und nur eine einzige moorige Wasserstelle. Dann gelangten wir zu einer Bergkette, die ich überqueren musste. Ich wusste, dass es dort einen Übergang, den »Schafstritt« geben würde, der in ein fruchtbares Hochtal hinunterführt. Ich war diesen Weg noch nie gegangen und wusste nur, dass der Aufstieg anspruchsvoll, der Abstieg gefährlich war. Ich ging voran, meine Schafe folgten mir, zum Glück hatte ich erfahrene Herdenhunde. Ich selber war physisch und psychisch an meiner Grenze. Als ich den »Schafstritt« erreicht hatte, schaute ich auf die andere Seite des Gebirges und traute meinen Augen kaum. Ich blickte in ein sattgrünes Bergtal hinunter, durch das sich kristallklar ein kleiner Bergbach wand. Hinter mir brüllten die Schafe vor Durst.*

*Wir stiegen ins Tal hinunter. »Kommt, ihr schafft es«, rief ich meinen Tieren zu, durch das laute Rufen wollte ich vor allem meine eigene Angst zum Schweigen bringen. Schritt für Schritt suchte ich durch die Felsen einen Weg nach unten. Wir schafften es wirklich und dann lagerten wir uns am Bach. Ich weiß noch genau, wie ich mich bäuchlings ins sprudelnde Wasser legte, den Kopf ins kühle Nass streckte und trank, trank, trank. Ich hörte das Plätschern des Baches, spürte, wie mich das Wasser wohltuend abkühlte, wie meine Anspannung allmählich von mir wich. Hier konnte ich einfach sein und hatte für meine kleine Herde Futter und Wasser für Wochen. Ich weiß nicht, wie lange ich in diesem sprudelnden Bergbach gelegen habe, es war einer der schönsten Momente in meinem Leben. –*

*»Dass die Liebe ausgegossen ist in unsere Herzen«,*[89] *sagte Paulus und holte mich aus meiner Tagträumerei ins Gespräch zurück. »Es ist der Fluss der Liebe von Gott her in unser Innerstes hinein, der uns zu diesen Schritten befähigt«, wiederholte er. Paulus nahm seinen Arm von meinen Schultern und sagte, »Du hörst mir gar nicht richtig zu.« Ich wiederholte, dass es der Fluss der Liebe Gottes sei, der in unser Innerstes hineinfließe, so dass wir als von Gott Geliebte Leiden und Druck aushalten lernten und unsere Geduld erproben könnten. Ich fügte noch an, dass es aber unsere Verantwortung sei, uns hinzuknien oder auf den Bauch zu werfen, um zu trinken. »Bei Gott wird niemand zwangsernährt«, schob ich nach. »Theologisch gar nicht übel«, erwiderte Paulus schmunzelnd, »für deinen alttestamentlichen Horizont ist das sogar eine Meisterleistung.« Auch ich musste jetzt lachen und gab zurück: »Ihr Neutestamentlichen bringt gar nichts Neues, was bei uns im Kern nicht schon immer da war. Eigentlich seid ihr Zwerge, und wenn ihr ein bisschen weiter seht als wir, dann nur darum, weil ihr auf den Schultern von Riesen*

---

89 Römer 5,5

*steht.« Dann gingen wir schweigend den Weg zurück in die goldene Stadt.*

*Sei herzlich gegrüßt*
*Dein David*

Lieber David,

ich war wieder in der Versammlung unserer Sektion der Wirtschaftspartei. Sie empfingen mich merklich kühler als das erste Mal, weil es sich offenbar herumgesprochen hatte, dass ich ohne Stelle bin. Mir hat das nicht viel ausgemacht und ich freute mich, aus dem Haus zu kommen, manchmal droht mir die Decke auf den Kopf zu fallen. Nach der Sitzung diskutierten wir noch lange. »Eigentlich sollte ein Kindergeld eingeführt werden, das einem Viertel eines unteren Einkommens entspricht«, ließ ich mich verlauten. Es entstand eine peinliche Stille, dann meinte mein Nachbar, ich hätte mich in die falsche Partei verirrt. »Ein Viertel des Lohnes einer Verkäuferin zur Aufzucht eines Balges, da kannst du Weltmeister in der Staatsquote werden.« »Ich meine es ernst«, sagte ich und wechselte in die Wirtschaftssprache: »Ich halte angesichts der demografischen Entwicklung die Bildung von Humankapital für eine der dringlichsten Aufgaben«, und dann fragte ich meinen Nachbarn boshaft, ob er lieber das ganze Humankapital auf dem Balkan auftreiben wolle, und doppelte ziemlich gemein nach: »Du wirst im Pflegeheim auch froh sein, wenn jemand beim Wechseln deines Katheters deine Muttersprache spricht.« Mein Nachbar füllte mir mein Glas mit Mineralwasser nach und meinte leicht beleidigt, ich sei rassistisch: »Wir wollen unsere gut ausgebildeten Frauen und Männer in der Wirtschaft, nicht am Herd. Das bisschen Haushalt erledigt man abends und für die Kinder gibt es Krippen, welche von öffentlichen Geldern getragen werden.«

Ich schwieg und dachte an das chaotische Abendessen mit meinen drei Kindern, wo ich ihnen am liebsten den Napf gefüllt und eine Selbsttränkanlage installiert hätte, um dann zu flüchten. Doch dann gab es gegen Schluss unseres Essens eine verblüffende Wende, als ich ihnen erzählte, wie ich als Kind Risotto gehasst hätte. »Warum machst du dann welchen?«, fragte der Jüngste. »Zum einen, um euch alle zu quälen, und zum anderen, damit ihr gerüstet seid, italienische Frauen zu heiraten.« Alle lachten und wir begannen, Erinnerungen an unsere Zeltferien am Meer aufzufrischen. Der Mittlere holte sogar das Fotoalbum. Dann kam meine Frau vom Unterrichten heim, schöpfte sich vom halbwarmen Risotto eine rechte Portion, meinte, dass er geschmacklich gut sei, aber von der Konsistenz her Beton gleiche, den man zu lange in der Sonne habe liegen lassen. Wir lachten entspannt und diskutierten, wo wir im nächsten Sommer die Ferien verbringen würden. »Das hängt von meiner Arbeit ab«, sagte ich und merkte, wie meine Stimmung sank. »Jan Marek hat uns seine Wohnung in Prag angeboten«, sagte meine Frau, was bei mir nicht gerade als Stimmungsaufheller wirkte. Ich meinte mit einem aufmunternden Blick zu den Kindern, wir sollten dieses Mal zusammen mit Mama nach Italien fahren, wozu meine Frau gar nicht abgeneigt schien.

»Entschuldige, ich war wirklich diskriminierend«, sagte ich zu meinem Nachbarn, der mein inneres Wegtreten bemerkt hatte. Wir hatten dann noch ein gutes Gespräch darüber, wie viel Fremderziehung einem Kind wohl gut täte und wo wir als Eltern Chancen aus der Hand gäben, unsere Kinder mit den Werten zu prägen, die uns wichtig seien.

Ich weiß gar nicht, warum ich Dir dieses alltägliche Zeug schreibe. Vielleicht darum, weil bei uns zu Hause vieles entspannter, normaler und ruhiger geworden ist, als wenn ich auf der italienischen Autobahn unter der Verkehrsanzeige »traffico normale« unterwegs bin. Wir lachen wieder. Wir lieben wieder. Wir loben wieder.

Hat unser Briefwechsel mich verändert? Hat die Seelsorge meine Frau aufgebaut? Hat meine Arbeitslosigkeit in mir so viel ins Rollen gebracht? Liegt es daran, dass wir weniger Liebe vom anderen einfordern und dafür mehr aus Gottes Liebe leben? Ich erfahre Gottes Liebe zwar noch nicht so »ausgegossen«, so einschießend, so strömend wie Du Deinen wunderbaren Bergbach. Sie wird mir eher tropfenweise mit der Pipette verabreicht.

Sei herzlich gegrüßt
Dein Reinhold

*Lieber Reinhold,*

*Gott, gepriesen sei er, hat viele Wege, uns und unser Miteinander gesunden zu lassen. Ich freue mich über Deinen Weg und Du freue Dich über jeden göttlichen Liebestropfen.*

*Sei herzlich gegrüßt*
*Dein David*

Lieber David,

gestern hatten meine Frau und ich eine hässliche Auseinandersetzung. Am Ende schlug ich die Türe unseres Esszimmers hinter mir zu und lief weg, besser gesagt, ich fuhr weg. Die Reifen quietschten, als ich vor unserem Haus startete. Ausgangspunkt war die Frage, ob wir unseren Wagen verkaufen und nur noch unser günstiges Kleinauto behalten sollten. Meine Frau argumentierte rational: »Es fehlen uns einfach dreihundert Franken im Monat«, sagte sie, mit dem sparsamen Kleinwagen sei uns auch gedient und es sei sogar noch ökologischer. Ich argumentierte voller Gefühle und sagte, die wenigen Freuden, die ich noch hätte, gäbe ich nicht aus der Hand. Sie könne kommen und gehen, wie sie wolle, sagte ich, während ich hier den ganzen Laden zusammenzuhalten hätte. »Und ich rackere mich den ganzen Tag im Schulhaus ab, muss mich mit unserer pingeligen Schulleiterin herumschlagen, während du mit deinem BMW eine Spritztour ans Einkaufen anhängst und im Ausflugsrestaurant deine Kaffeepause einschaltest.« »Wievielmal ist das schon vorgekommen, sag es mir?«, entgegnete ich. Sie schwieg. Der tägliche Ausflug in den »Frohsinn« gehört zu meinem Tagesablauf, sie weiß nur nichts davon. Wir gerieten uns immer mehr in die Haare, beschuldigten und beschimpften uns wie zu den bösen, alten Zeiten, bis ich das Ganze abbrach und weglief. Etwa eine Stunde brauste ich mit meinem Wagen die Passstraße hoch, die Motorgeräusche beruhigten mich allmählich, ich schnitt die Kurven und begann es zu genießen, wie raubtierhaft geschmeidig sich mein Wagen mühelos zur Passhöhe hocharbeitete. Es war angenehm warm, die Musik stimmte und ich fühlte mich geborgen. »Niemals gebe ich dich her, treuer Kumpel«, sprach ich vor mich hin. Ich kam erst spät nach Hause, meine Frau schlief bereits. Auf dem Küchentisch, wo wir uns gelegentlich Mitteilungen hinterlassen, lag nichts. Ich hatte eine Entschuldigung ihrerseits erwartet. Sollte ich ihr einen Tagesgruß schreiben? Es würde sie aufmuntern, wenn sie als Erste in der Frühe das Haus verlässt. Ich holte Schreibblock und Stift und kritzelte ein kleines Sätzchen. »Niemals werde ich meinen Wagen verkaufen! R.«

Ich bin recht verunsichert, weil ich gedacht habe, wir hätten die Klippe gemeistert, unsere Ehe sei saniert, wir hatten es ja so gut. Jetzt habe ich das Gefühl, es fängt bei uns alles wieder von vorne an.

Sei herzlich gegrüßt
Dein Reinhold

*Lieber Reinhold,*

*wie hast Du laufen gelernt? Nicht mit mehr als einem Sturz? Wie hast Du schwimmen gelernt? Nicht mit mehr als einem Schluck Wasser aus dem Becken? Und Du denkst, eine neue Form von Zusammenleben ließe sich ohne Rückfälle gewinnen? Unsere alten Reaktionsweisen lagern abrufbereit in unseren*

*Zellen, unsere alten Verteidigungsmuster sind abgespeichert im Gehirn, die überholten Angriffsmuster sind abgelagert in unseren Knochen. Es braucht nur ein wenig »Stress« – so nennt Ihr das doch? – und ein Zuwenig an Stille und die längst überwunden geglaubten Verhaltensweisen tauchen wieder auf. Lass mich Dir von meinem schwersten Rückfall erzählen:*

*Ich war schon alt geworden, ich fror ständig, obschon ich mich in Decken und Pelze wickelte und man mir eine junge Frau sozusagen als Heizdecke zuführte. Sexuell ging aber nichts mehr. Auch psychisch war ich ziemlich zerschlissen vom endlosen Regierungsgeschäft. Ich hatte sieben Jahre die Königsherrschaft in Hebron inne, dreiunddreißig Jahre amtierte ich in Jerusalem, das machte mich amtsmüde und auch ein wenig lebensmüde. Vor allem die letzten Jahre hatten mich verbraucht. Die Leitung der Streitkräfte, der Fronarbeiter, der Verwaltung und des Kultus hatte ich zwar abgegeben, aber es war immer wieder eine große Herausforderung, meinen wachsenden Mitarbeiterstab auf Kurs zu halten. Es gab Intrigen und einen weiteren Aufstand, der fast noch gefährlicher war als der meines Sohnes. Einmal wurde ich bekämpft und dann wieder von meinen Untertanen umworben, sie stritten, wer den größeren Einfluss auf mich hätte und wer daraus mehr Profit schlagen könnte.*

*Manchmal wurde es richtig kindisch, wenn sie um mich und meine Gunst buhlten: »Der König steht uns doch näher; warum zürnt ihr darüber? Meint ihr, dass wir etwa ein Stück vom König aufgegessen oder ihn für uns weggeschleppt hätten?«*[90] *Ich musste alle Fäden in den Händen behalten. Es war mir eine Last, und doch liebte ich es, daran zu ziehen, wie ich wollte.*

*Manche sagen, dass Macht korrumpiere und dass absolute Macht absolut korrumpiere. Ich stimme dem zu, es sei denn, dass mit dem Wachsen der Macht im selben Maß auch die Abhängig-*

90 2. Samuel 19,43

*keit von Gott, gepriesen sei er, zunimmt. Je höher du steigst, desto tiefer musst du in Gott gründen. Manchmal denke ich, alles sei bei mir ein bisschen zu schnell gegangen, so dass das Wachsen der Wurzeln meines Lebensbaumes der üppigen Entfaltung der Baumkrone nicht nachgekommen sei.*

*Ich war im Alter nicht ohne Verbitterung und wollte vor meinem Tod noch einige offene Rechnungen begleichen. Erst heute erkenne ich, dass glückliches Leben und Sterben darin besteht, Rechnungen sofort zu begleichen, im Notfall aus der eigenen Tasche. – Noch kurz vor dem Sterben trug ich meinem Sohn, der nach mir König werden sollte – über die Streitigkeiten um meinen Thron mag ich erst gar nicht sprechen – auf, wen er alles noch umzubringen hätte. Ich wollte nicht, dass ihre »grauen Haare in Frieden ins Totenreich hinunterkommen«.*[91] *Wenn ich daran denke, mit welcher Bitterkeit ich auf den Tod zuging, könnte ich weinen. Ich hatte in meinem Vertrauen zu Gott nachgelassen. Wo war die junge, frische Liebe aus der Wüste geblieben? »Mir wird nichts mangeln«, sang ich manchmal in der Abendkühle und plante dabei eine Volkszählung, so gespalten war ich geworden. Es ging mir um Steuern, um die Streitkräfte, ich wollte wissen, mit wieviel Geld, wieviel Mann ich rechnen konnte. Ich wollte mich an meiner eigenen Kraft und Stärke ergötzen. Götze statt Gott, hieß meine Verblendung. Als Jüngling hatte ich Goliath besiegt, im alten Mann war er wieder lebendig geworden.*

*Mein General warnte mich, er fragte mich nach meinen Motiven und gab mir zu verstehen, Gott sei es ein Kleines, mir »hundertmal«*[92] *mehr Soldaten zukommen zulassen, als ich jetzt hätte. Ich weiß noch heute nicht, wer mir diesen Floh ins Ohr gesetzt hat, welches Teufelchen mich geritten hat. Gelegentlich*

91 1. Könige 2,6

92 2. Samuel 24,3

*hatte ich gar den Eindruck, dass ich mit der Zählung Gottes Wille erfüllte. Was dann passierte, weißt Du vielleicht.*

*Als die Zahlen auf meinem Pult lagen, hatte ich plötzlich ein schlechtes Gewissen, mein Herz raste, das Ganze schlug mir auf den Magen. Immer wieder hatte ich andere belehrt und sie davor gewarnt, sich doch nicht auf sichtbare Mittel zu verlassen, auf Pferde, Kriegswagen, Soldaten, und genau das hatte ich getan. »Ich habe eine Dummheit gemacht«, sagte ich zu Gott, gepriesen sei er. »Nimm doch die Schuld weg.« Alter schützt vor Torheit nicht, nie hätte ich gedacht, dass ich wieder an diesem Nullpunkt stehen würde wie damals.*

*Natürlich war meine Sünde weniger offensichtlich als damals, sie war subtil, lag im Graubereich. Aber Gott will unsere schmutzige Wäsche weiß waschen und nicht mit uns über deren Grautöne diskutieren. Wieder besuchte mich ein Prophet. Mein Tun hätte Konsequenzen, sagte er, aber ich könne wählen. Was denn zur Auswahl stehe, fragte ich ihn. »Entweder kommt eine dreijährige Hungersnot in dein Land, oder du musst drei Monate lang vor deinen Feinden auf der Flucht sein, oder drei Tage lang wird die Pest im Land wüten«, sagte der Prophet sorgenvoll. Ich wählte die Pest, weil ich mich lieber der »Hand Gottes«,*[93] *als der Hand von Menschen überlassen wollte. Die Auswirkungen der Krankheit im Volk waren verheerend. Es ist immer das Volk, das die Fehler von uns Großen und Mächtigen ausbaden muss; ich betete zwar, es solle doch mich und mein Königshaus treffen, es litten aber die Kleinen.*

*Und doch dürfen Rückfälle passieren. Sie brechen uns nicht das Rückgrat, sie üben uns im Aufstehen. Erinnerst Du Dich noch, was ich Dir einmal über den Stolz geschrieben habe? Rückfälle sind Demütigungen, sie zerzausen die Krone unseres Lebensbaumes, vielleicht lichten sie sie sogar aus, aber vergiss nie, mit jedem Neuanfang senken sich die Wurzeln Deines Lebens-*

---

93 2. Samuel 24,14

*baumes noch tiefer ins Erdreich. Gott baut sein Reich nicht nur mit Bewahrten, sondern gerade auch mit Bewährten. Steh also wieder auf, besinn Dich auf all das Gute, das bei Euch geschehen ist, und fange wieder neu an. Hier oben zählt man übrigens vor allem die ehrlichen Neuanfänge, die Zahl der Rückfälle kommen in der doppelten Buchhaltung der Himmelsstatistik an zweiter Stelle.*

*Sei herzlich gegrüßt*
*Dein David*

Lieber David,

»Ich persönlich würde alles verkaufen – außer Dich! Wünsche Dir einen guten Tag, mein Schatz.« In der schwungvollen Schrift meiner Frau lag diese Notiz am Morgen nach unserem Streit auf dem Küchentisch, daneben lag eine Einkaufsliste – die Glühbirnen darf ich diesmal ja nicht vergessen. So startete ich in den Tag. Ich schickte die Kinder zur Schule, gönnte mir einen zweiten Espresso und las nochmals die Notiz meiner Frau. War es eine verkappte Liebeserklärung, dass sie alles entbehren könnte außer mich, oder war es ein Trick, sozusagen eine Kriegserklärung, dass sie schon dafür sorgen werde, dass unser Wagen verkauft wird? »Du kannst dich entscheiden«, dachte ich plötzlich, »du selbst gibst diesen Zeilen die Bedeutung, die für dich bestimmend ist. Du schaffst Wirklichkeit, je nachdem, wie du diese Zeilen liest und nimmst. Damit wird dein Tag positiv oder negativ vorgespurt.« Ich hatte also die Wahl, mit einer Liebes- oder einer Kriegserklärung in den Tag zu starten. Zum Glück hatte ich mir in den letzten Wochen angewöhnt, zu beten, bevor ich mein wirkliches Tagewerk aufnehme. Mir scheint, dass ich nach dem Zusammensein mit Gott die Dinge besser einschätzen kann, ich sehe die Prioritäten klarer. Das ist mir geblieben, was Du mir einmal gesagt hast, dass wir erst in seinem Licht das Licht sehen.

Auch an diesem Morgen betete ich, nachdem ich der Maschine den dritten Espresso entlockt hatte. In dieser Stille wurde mir klar, dass die Notiz meiner Frau von ihrer Beweglichkeit zeugte, dass sie nicht an Dingen, sondern an Beziehungen hing. Der Autoverkauf schien für sie zwar sinnvoll und wünschenswert, aber nicht zwingend, und sie wollte wohl lediglich ihre subjektive Einschätzung der Lage festhalten. Zweifellos liebt sie mich, der Ausdruck »Schatz« ist für sie keine Floskel. Sie geht mit diesem Wort so sparsam um wie mit dem Waschpulver für den Geschirrspüler. Sie sagt, was sie meint. Meistens jedenfalls. »Verkaufe den Wagen, habe ja Dich«, schrieb ich als SMS und fügte dann noch an: »Deine emotionale Motorisierung ist der Karosse ebenbürtig.« Mal sehen, welche Bedeutung sie diesen Zeilen gibt. Sie kann wählen.

Ich setzte mich wehmütig in meinen Wagen und überlegte mir beim Anfahren, was das Gegenteil von Jungfernfahrt sei. Nach den Einkäufen setzte ich meine »Altjungfernfahrt« fort zum »Frohsinn«, wo ich mir einen Stoß Zeitungen fischte. Meine Kaffeepause, um die mich meine Frau so beneidet, dient hauptsächlich dazu, alle Stelleninserate sorgfältig durchzukämmen. Ich erlebe dabei jeweils ein Wechselbad der Gefühle, keimende Hoffnung, die von Resignation abgelöst wird, Ohnmacht, die dann der Zuversicht Platz macht. Du glaubst es vielleicht nicht, aber auch in diesen Zeiten halte ich manchmal Zwiesprache mit Gott. Vor allem wenn ich den Druck auf meinem Magen spüre und sich die Angst vor der Zukunft breitmacht, muss ich diese Sorgen immer wieder bei ihm abgeben und mir von ihm sagen lassen, dass er mich schon nicht hängen lasse. Ich habe jeweils mein Taschenmesser mit der integrierten, kleinen Schere dabei und schneide mir passende Stellenangebote heraus.

Auch diesmal griff ich zur Schere und faltete das ausgeschnittene Stellenangebot sorgfältig zusammen. »Ausgeschnitten und auf dich zugeschnitten«, dachte ich und legte es in meinen Geldbeutel. Heute würde ich nur diese eine Bewerbung wegschicken, ein Brief voller verzweifelter Hoffnung.

Ich wollte bezahlen. Als die Kellnerin kam, scannte mein Blick im Bruchteil einer Sekunde ihr Gesicht, ihre Brüste und ihre Beine, ich überflog sozusagen in Höchstgeschwindigkeit ihren weiblichen Strichcode von oben nach unten. »Beeindruckend«, dachte ich und schlug die Augen nieder, griff zum Geldbeutel, bezahlte und schaute ihr dabei nur ins Gesicht. »Sie ist ein schönes Menschenkind, nicht mehr, nicht weniger, und du, halte deine Augen in Zucht«, sprach ich innerlich zu mir.

Ich habe früher meinen Augen freien Lauf gelassen und mich am Anblick von Frauen satt gesehen, besser gesagt, hungrig geglotzt.

»Appetit haben darf man, aber gegessen wird zu Hause«, war mein etwas dümmlicher Spruch dazu. Seit ich meinen Blick immer mehr auf Gott ausrichte, versuche ich meine Augen auch im Alltag zu zügeln. Es ist nicht egal, was durch die Fenster der Seele in mich eintritt. Vielleicht denkst Du, ich werde langsam verklemmt, aber das Gegenteil ist der Fall, ich werde immer freier, entkrampfter, und es tut uns beiden gut.

Das, was Du von den Rückfällen geschrieben hast, hat mich ermutigt. Dass Gott vor allem an unserem Aufstehen interessiert ist und weniger an unseren Fehlern, hat mich entlastet. Belastet hingegen hat mich, wie Dein Gott auf Deinen damaligen Ausrutscher reagiert hat und Euch die Pest als Strafe für Dein ungöttliches Steuerprojekt schickte. Hat er als himmlischer Rachegott nicht überreagiert, hätte so unser Meister gehandelt? Manchmal frage ich mich, ob sich auch Gott im Laufe der Jahrhunderte gewandelt habe.

Es ist eigenartig, seit meine Beziehung zu Gott gewachsen ist und ich ihn als Freund erkenne, kann ich zunehmend solche kritischen Fragen aussprechen. Ich brauche keine Heidenangst zu haben, Gott könnte mich für ketzerische Gedanken strafen.

Ich muss auf mein Fragen auch nicht unbedingt eine Antwort bekommen, ich kann sie stehen lassen, muss nicht alle dunklen, göttlichen Geheimnisse zu enträtseln suchen.

Mich hat übrigens auch beschäftigt, wie Du Dich im Alter entwickelt hast. Manche Deiner Zeilen erinnern mich an den Artikel, den ich heute im »Frohsinn« gelesen habe. Der Titel hieß »Lichttherapie gegen Altersdepression«. Bist Du wirklich auf das Alter hin so melancholisch geworden? Ich kann mir Dich als lebensmüden, zittrigen und frierenden Griesgramgreis kaum vorstellen. Wo ist in Deinem Alter der blutjunge, holde Kämpfer von einst geblieben?

Sei herzlich gegrüßt
Dein Reinhold

*Lieber Reinhold,*

*Du hast Recht, seit Gott unseren Messias geschickt hat und dieser alle Strafregister der Welt auf sich genommen hat, hat sich das göttliche Handeln uns Menschen gegenüber gewandelt. Nicht grundsätzlich. Seine Liebe uns Menschen gegenüber ist noch radikaler geworden, sein Schmerz über unsere Verlogen- und Verlorenheit noch stechender. Nicht mehr Ziegenböcke lassen ihr Blut zur Sühne, Gott selber gibt sich im Messias als Opfer hin.*

*Mir kommt in den Sinn, wie ich vor einigen Monaten einmal im Stadtzentrum auf dem großen, goldenen Platz stand. Paulus hatte mich dorthin mitgenommen. »Du wirst staunen«, sagte er, »jetzt wirst du sehen, was Himmel und Erde im Innersten zusammenhält.« Ich war gespannt. Würde ich den Messias sehen? Um den Tempel war eine große Menschenmenge versammelt, ein Gedränge sondergleichen, Menschen aus allen Ländern und Kulturkreisen waren versammelt und jeder konnte sich mit dem anderen unterhalten, alle waren zuvorkommend, niemand gebrauchte seine Ellbogen. Es erklang himmlische Musik von einer Reinheit und Schönheit, wie ich sie noch nie gehört hatte. Ich sah, wie vom Tempel der große Strom ausging, von dem ich*

*Dir geschrieben habe. Er quoll unter den Schwellen des Tempels kristallklar hervor und schien beim Weiterfließen anzuschwellen, sich verströmend wuchs er.*

*Plötzlich sah ich das »Lamm vor dem Thron«*[94]*. Ich erstarrte, aber nicht vor Schreck, sondern vor der Heiligkeit und Kraft, die von diesem geheimnisvollen Bild ausging. Vor dem großen, mit Diamanten verzierten Thron in massivem Gold lagerte sich ein kleines, weißes Lamm, das dann und wann leise blökte.*

*Ich weiß, was es heißt, auf dem Thron zu sitzen. Das bedeutet Ausübung von Macht, Entscheidung über Leben und Tod. Vom Thron aus werden Armeen in Marsch gesetzt, Städte gebaut oder niedergerissen, Menschen in hohe Stellungen gebracht oder in den Staub gedrückt. Beim Thron war kein machthungriger Herrscher, kein absolutistischer Spötter, kein Durchschnittskönig, wie ich einer gewesen bin, sondern ein Lamm. Es verkörpert Reinheit, Zartheit, Zärtlichkeit, Hingabe und Opferbereitschaft. »Das ist das Lamm Gottes«, flüsterte mir Paulus ins Ohr, und fuhr dann weiter, »wie souverän muss Gott sein, dass der Löwe Judas zum Lamm werden kann.« Ich widersprach ihm: »Der Löwe Judas ist das Lamm Gottes, das Lamm Gottes ist der Löwe Judas – absolute Stärke besteht in der Freiheit und Souveränität, sich schwach zu machen und sich als Geschenk hinzugeben. Diese Schwäche ist die Kraft, welche die Welt überwindet.« Die Musik schwoll zu einer Lautstärke an, dass ich nicht mehr verstand, was Paulus mir darauf antwortete. Wir alle stimmten in einen Gesang ein, der manchmal wie Meereswogen brauste, dann wieder auf ein zartes und doch tragendes Pianissimo zurückging, einer warmen Brise gleich, die von Frühling und Veilchen erzählt.*

*Ich habe als König immer wieder die Liebe zur Macht gelebt, nun hatte ich die Macht der Liebe gesehen. Kannst Du nachvollziehen, dass ich von dieser Warte her mein damaliges Tun als*

94 Offenbarung 7,17

*König, gerade auch mein Altern kritisch beurteile? Seit mir in der Ewigkeit der Star gestochen worden ist, sehe ich mein damaliges Leben einfach realistischer.*

*Sei herzlich gegrüßt*
*Dein David*

Lieber David,

verglichen mit Deiner Himmelsmusik kommen einem die Berliner Philharmoniker wie ein Ad-hoc-Orchester der dörflichen Musikschule vor. Ich danke Dir für Deine Schilderungen vom Lamm vor dem Thron. Wie gut würde es um unsere Welt stehen, wenn alle Einflussreichen ihre Macht mit Hingabe und Dienst verbänden! Dass die Einschätzung Deiner eigenen Lebensführung von dieser Warte her zwiespältig ausfällt, leuchtet mir ein.

Mir geht es an sich gut. Ich habe Freiräume, mich ehrenamtlich zu engagieren. Ich tue das vermehrt auch im christlichen Bereich. Nur die Absagen auf meine Bewerbungen stecke ich immer schlechter weg. Das nagt an mir. Ich brauche viel Kraft, aufgeräumt zu bleiben. Aber ich habe wohl in Bezug auf inneres Wachstum noch nie so viel in meinem Leben gelernt wie in den letzten Monaten. – Dann lag ich also mit Deiner »Altersdepression« daneben?

Sei herzlich gegrüßt
Dein Reinhold

*Lieber Reinhold,*

*es mag sein, dass sich mein Gemüt im Alter verdunkelte. Ich erinnere mich, wie ich gelegentlich beim Aufstehen kämpfen musste. »Adonai, lass mich nicht werden wie mein Vorgänger«, betete ich.*

*»Schenke mir Freude für diesen Tag, ich selber mag nicht mehr.« Aus der heutigen Himmelsperspektive bewerte ich mein*

*Leben viel kritischer, vielleicht auch einfach realistischer: Als ich einmal von fremden Truppen gefangen genommen und vor ihren König geführt wurde, habe ich mich wahnsinnig gestellt. Ich schrie, geiferte, riss mir die Haare aus. – Sie ließen den Verrückten gehen. Noch lange war ich auf meine schauspielerische Leistung stolz. Verstellung zur Ehre Gottes oder zur Rettung meiner Haut? Als ich auf der Flucht vor meinem Vorgänger ins feindliche Nachbarland entkam, stellte ich mich dem Feind unseres Landes als »Warlord« zur Verfügung. Der gab mir »Ziklag«*[95]*, eine eigene befestigte Burg. Ich log ihn an, dass ich meine Landsleute angreifen würde, in Tat und Wahrheit überfiel ich seine eigenen Leute. Diente es einem guten Ziel? Erst hier erkenne ich, dass der Zweck die Mittel eben nie heiligt.*

*Was sind wir Menschen ohne Gottes Eingreifen in unser Leben? Eine Mischung aus Größe und Erbärmlichkeit: Ich bin der kämpferische junge Mann gewesen, der reife König, der Ehebrecher, der listige Politiker, der gebeugte »Griesgramgreis«, wie Du mich nanntest, an dessen Händen viel Blut klebt.*

*Gestern sagte Paulus im Café: »Noch heute bin ich überzeugt, dass in unserem Fleisch nicht Gutes wohnt.«*[96] *Asmus pflichtete ihm bei und sagte: »Wenn wir nur auf uns und unsere Möglichkeiten blicken und Gott dabei ausblenden, dann reduziert sich unser Leben auf bloßes Existieren mit den üblichen Höhe- und Tiefpunkten. Dabei möchte doch im Grunde genommen jeder tiefer graben, höher fliegen und seine Pfeile der Sehnsucht auf das andere Ufer hin abschießen.« Edith pflichtete ihm bei und sagte, dass sich jede die Frage nach ihrem Schöpfer stelle, ob sie sich dessen bewusst sei oder nicht. »Ich hab das einmal in Gedichtform gebracht«, sagte Asmus. Er erhob sich, begann im Café*

95 1. Samuel 27,6

96 Römer 7,18

*Paradiso hin und her zu laufen, räusperte sich und sprach dann mit seiner wohlklingenden Stimme:*

*»Empfangen und genähret*
*Vom Weibe wunderbar*
*Kömmt er und sieht und höret,*
*Und nimmt des Trugs nicht wahr;*
*Gelüstet und begehret,*
*Und bringt sein Tränlein dar;*
*Verachtet und verehret;*
*Hat Freude und Gefahr;*
*Glaubt, zweifelt, wähnt und lehret,*
*Hält nichts und alles wahr;*
*Erbauet und zerstöret,*
*Und quält sich immerdar;*
*Schläft, wachet, wächst und zehret;*
*Trägt braun und graues Haar etc.*
*Und alles dieses währet,*
*Wenn's hoch kommt, achtzig Jahr.*
*Dann legt er sich zu seinen Väter nieder,*
*Und er kömmt nimmer wieder.«*[97]

*Asmus schaute in die Runde. »Genau das meine ich mit ›Fleisch‹«, brach Paulus die Stille, »so sind wir in unseren leib-seelischen Aktivitäten; erst wenn die göttliche Dimension hinzukommt, wenn der Geist unserem Wesen göttliche Qualität einhaucht, wird aus dem natürlichen Menschen ein geistlicher.«*

*Dann sprach er davon, dass es in unserem Leben Diskontinuität gebe, eine Art Bruch zwischen Altem und Neuem. Je mehr man das wundervoll Neue, das Gott uns schenkt, ins Blickfeld bekomme, desto mehr falle das Alte gegen das Neue ab. Paulus wurde im Gespräch fast unflätig, er hätte sein altes Leben für*

---

97 Matthias Claudius, a. a. O., Seite 108

*»Kot«[98] gehalten, seitdem er mit unserem Messias unterwegs sei. »Ein Mensch in Christus ist eine Neuschöpfung, das Alte ist vergangen, siehe, Neues ist geworden«[99], schloss er seine lange Rede. Ich könnte diesen Bruch in meinem Leben nicht so drastisch beschreiben, aber ich bin ja auch dem Messias nicht persönlich begegnet.*

*Wir sprachen dann noch darüber, ob es schwierig sei, lieb gewonnenes Altes, das einem aber mehr schadet als nützt, loszulassen. Edith schloss unser Gespräch mit dem Satz ab: »Der Himmel nimmt einem nichts, ohne es unermesslich zu vergelten«.*[100]

*Sei herzlich gegrüßt*
*Dein David*

Lieber David,

es ist spät geworden, Frau und Kinder schlafen. Ich fürchte, dass ich nicht alles verstanden habe, was Du mir erzählen wolltest. Habe ich das richtig mitbekommen, dass Du Deiner »weltlichen« Biografie einen geringen Stellenwert beimisst, dass darin Gelingen und Misserfolg nahe beieinander liegen? Siehst Du heute, dass das wesentlich Gute, das in Dein Leben hineingepflanzt worden ist, von Gott selbst hineingelegt wurde? Habe ich das richtig erfasst?

Sei gegrüßt
Dein Reinhold

---

98 Philipper 3,8

99 1. Korinther 5,17

100 Edith Stein, *Im Garten der Seele*, Freiburg 1998, Seite 116

*Lieber Reinhold,*

*so ist es! Vor Gott war ich begnadeter Tänzer, in seiner Gegenwart war ich ein inspirierter Sänger, er legte mir Melodien und Worte in Herz und Mund. Ich glich einem Tempel, in dem Lobpreis erklang, in welchem aufrichtige Buße Reinheit und Erneuerung brachte. In diesem Gotteshaus lebte das Zwiegespräch mit Gott, gepriesen sei er. In diesem innigen Dialog gab es ein Kommen und Gehen von Worten, Gedanken, Träumen, Gefühlen. Wie oft kam ich mir vor wie Jakob mit der Himmelsleiter! Engel schienen an mir vorbeizuschreiten und hinaufzusteigen: »Komm«, sagte einer zu mir, »gib mir ein bisschen von deiner Trauer, ich trage sie ans Herz Gottes.« »Hör mal«, sagte ein anderer, der eben herabstieg, »ich bringe dir ein bisschen Trost, gib mir noch etwas von deiner Angst, mein hilfloser König, ich trage sie zu dem, der «diese Welt überwunden hat«.*[101] *Der neue, innere Mensch war ich vor Gott, durch Gott, in Gott, gepriesen sei er.*

*Sei gegrüßt*
*Dein David*

Lieber David,

wenn ich das auf mich übertrage, frage ich mich, wer ich denn eigentlich bin: die Führungskraft im Marketingbereich? Der gläubige Reinhold, der daran ist, einen Lebensstil zu entwickeln, in dem Gott die erste Stelle einnimmt? Der Hausmann, der sich mit drei herrlichen Bengeln herumschlägt? Der Arbeitslose, der Verkäufer eines wunderbaren BMW, der eifersüchtige Reinhold, der sich ängstigen kann, Jan Marek sei für seine Frau mehr als der sympathische tschechische Geiger mit den sensiblen Händen? Bin ich alles in einem, ist Reinhold eine Babuschka, die du in fast beliebig viele, in der Größe abge-

101 Johannes 16,33

stufte und ineinander verschachtelte Teile auseinandernehmen kannst? Konntest Du denn so genau zwischen Menschlichem und Göttlichem in Deinem Leben unterscheiden?

Mir geht es recht gut. Die Wirtschaftspartei hat mich auf die Liste für die nächsten Wahlen gesetzt. Sie fanden, meine Berufsbezeichnung »Marketingplaner und Hausmann« liege voll im Trend. Meine Frau und ich streiten immer noch gelegentlich, wir können uns aber immer besser und vor allem schneller aus unseren Verstrickungen lösen. Wir beten auch zusammen, nicht immer, aber immer öfter. Es ist erstaunlich, wie die Dankbarkeit immer mehr unsere Gebete prägt. In unserer Kirchengemeinde gehe ich gelegentlich zu einem Männertreff. Ich finde das gut, einmal mit Männern zusammen die Bibel zu lesen, wir kommen dann wenigstens alle einmal zu Wort, besser gesagt, wir können uns nicht mehr hinter unserem Schweigen verbergen. Für die Stelle, von der ich Dir berichtet habe, habe ich mich beworben und kann mich in einer Woche vorstellen. Mein Wagen ist noch immer nicht verkauft, ich habe den Preis bewusst zu hoch angesetzt. Meine Frau hat nichts davon gemerkt. Ich habe dann vorgestern in der Stille vor Gott gemerkt, dass das nicht fair ist, haben wir doch beide den Verkauf beschlossen. Mit dem Preis bin ich runter gegangen, heute hat sich prompt ein Interessent gemeldet.

Sei herzlich gegrüßt
Reinhold

*Lieber Reinhold,*

*ich danke Dir für Deine Zeilen und freue mich über alles, was bei Euch gerade entsteht. Wessen Verdienst ist das? Habt Ihr Eure Fortschritte durch Euer kluges, einsichtiges Handeln gemacht oder ist es göttliche Zu-Gabe? Euer Beten ist zunehmend von Dankbarkeit durchwoben. Wem gilt dieser Dank? Allmählich ist in Eurer Beziehung Tauwetter eingetreten. Wer war die Sonne, die das Eis zum Schmelzen brachte? Ihr habt Euch die Hände gereicht, wer gab Euch die Kraft dazu? Die ersten Blumen sprossen, es kam der Monat Mai. Wer stand hinter dem Fliederduft der erneuerten Liebe? Habt Ihr nicht beide viele göttliche, kreative Impulse empfangen – war das die Frucht Eurer Anstrengung oder Gottes souveränes Handeln an Euch? Haben Euch Eure eigenen Problemlösungsstrategien gerettet, oder war da jemand unsichtbar unter Euch tätig, den Heinzelmännchen gleich, so dass Ihr nur staunen könnt?*

*Du hast natürlich Recht, Ihr wart auch daran beteiligt; »bei Gott wird niemand zwangsernährt«, wie Du einst gesagt hast, Menschliches und Göttliches lässt sich nicht einfach so trennen wie Essig und Öl, schon gar nicht gegeneinander ausspielen. Aber ist es nicht so, wenn wir Gottes Neuschöpfung unter uns erleben, dass angesichts der goldenen Buchstaben, mit denen er den besten Teil unseres Lebenstextes schreibt, unsere krummen Linien verblassen?*

*»Was hast du, was du nicht empfangen hast?«, würde mein Freund Paulus jetzt sagen.*[102]

*Ich grüße Dich herzlich*
*Dein David*

Lieber David,

es ist spät in der Nacht. Ich kann nicht schlafen – vor Freude und vor Nervosität. Zuerst zu Deinen Zeilen: Ich erlebe die Entwicklung vom alten zum neuen Reinhold nicht als Bruch, auch wenn es auf diesem Weg entscheidende Meilensteine gibt. Der letzte wurde gestern Abend gesetzt, doch davon später.

Mir kommt es so vor, als ob Gott daran sei, mein Lebenshaus zu sanieren. Das Fundament musste verstärkt werden, ich war

102 1. Korinther 4,7

wirklich aufgefordert, zu fragen, worauf ich mein Leben aufbauen könne. Da ist vieles eingebrochen, Gott musste meine Lebensfundamente erneuern und überdies da und dort neue Steine, Ziegel und Balken einsetzen. Altes musste ich loslassen. Aber es stimmt, der Himmel nimmt einem nichts, ohne es unermesslich zu vergelten. Übrigens, noch habe ich meinen Wagen nicht verkauft!

Gott ist auch daran, unser Ehehaus umzubauen. Es gibt darin Zimmer, die nur mir oder meiner Frau gehören; es gibt Licht durchflutete und dämmrige Räume, die wir gemeinsam gestalten und bewohnen. Die Zeit wird kommen, wo manche Räume öffentlich werden. – Wir spüren es, unser Haus wird sich öffnen, unsere Herzen und Hände werden frei, nicht nur für unsere Kinder, sondern weit darüber hinaus.

Zum jüngsten Meilenstein: Wir hatten für gestern Abend zwei Paare zum Abendessen eingeladen. Wir haben den Abend mit der Lektüre eines Bibeltextes abgeschlossen. Ich habe einen Text von Dir ausgewählt. Es sind Deine letzen Worte.

Als die Paare gegangen waren, machten meine Frau und ich im Mondschein noch einen Spaziergang. Wir tun das nicht oft. Ich betrachtete den Mond und dachte an Asmus: »Und ist doch rund und schön!« Plötzlich blieb ich stehen und sagte zu meiner Frau: »Ich habe morgen Nachmittag um sechzehn Uhr ein Vorstellungsgespräch.« »Was ziehst du an?«, fragte sie. »Für diese Stelle gehe ich mit Schlips und Anzug«, sagte ich, »es wäre eine Topstelle in einer Topfirma«. »Wie viel Realität steckt hinter deinem ›wäre‹?«, fragte meine Frau. »Ich weiß es nicht, aber ich habe ein sehr gutes Gefühl.« »Das hattest du auch das letzte Mal«, entgegnete sie und setzte sich wieder in Bewegung. »Aber diesmal ist es irgendwie anders«, sagte ich. – Ich musste an Deine Schilderung denken, wie Du den Durchstieg durch die Bergkette erklommen hattest und durch den »Schafstritt« ins fruchtbare Tal hinunter blicken konntest. Etwas Neues bricht an, ich weiß es. Schweigend schritten wir nebeneinander her. »Zum Glück habe ich darauf bestanden, dass du deinen Wagen nicht verkaufst, so kannst du wenigstens standesgemäß vorfahren«, meinte meine Frau lachend. Sie blieb stehen, wir schlossen uns in die Arme und küssten uns.

Es ist jetzt sehr spät und ich sitze allein im Wohnzimmer. Ich liebe diese Stunde, wo ich Gott den Tag zurückgeben kann, wo ich einfach ein bisschen mit ihm zusammen sein und meine Seele stillen lassen kann. Ich lese nochmals Deine letzten Worte:

»Dies sagt David, der Sohn Isais, der Mann, den der Gott Jakobs mit großer Ehre bedacht und zum König erwählt hat, der Mann, der für das Volk Israel die schönsten Lieder schrieb: Der Geist des Herrn hat durch mich geredet und mir seine Worte in den Mund gelegt. Der Gott Israels, der schützende Fels meines Volkes, hat zu mir gesprochen: Ein König, der gerecht regiert und Gott mit Ehrfurcht begegnet, gleicht der Morgensonne, die nach einem Regenschauer am wolkenlosen Himmel steht: Unter ihren warmen Strahlen sprießen die Pflanzen aus der Erde hervor. So sieht Gott mich und mein Königshaus an: Er hat einen Bund mit mir geschlossen, den er niemals brechen wird, seine Zusage gilt für alle Zeiten. Ihm allein verdanke ich Wohlergehen und Erfolg.«[103]

Mit den beiden Paaren haben wir heute Abend über Erfolge und Misserfolge in unserem Leben gesprochen. Wir haben ihnen dann von unserem Weg erzählt. Sie hörten gut zu. Jetzt bin ich auf morgen gespannt. Ich weiß nicht, was der neue Tag für mich bereit hält, ich weiß aber, wer ihn in Händen hält, und das genügt mir. Basta.

Ich grüße Dich zum letzten Mal und danke Dir, dass Du mir zugehört hast.

Dein Reinhold

---

103 2. Samuel 23,1–5